LIBRO DEL ALUMNO

Curso de español basado en el enfoque por tareas

Ernesto Martín Peris
Neus Sans Baulenas

1

gente

Nueva Edición

Esta nueva edición de GENTE que tienes en las manos es el resultado de las sugerencias, de las reacciones y de los comentarios de los usuarios del método desde su publicación.

Nuestra mayor satisfacción es que GENTE, el primer manual de español como lengua extranjera basado en el enfoque por tareas, ha recibido por parte de profesores y de alumnos una respuesta decididamente positiva. Escuelas de idiomas, universidades y centros del Instituto Cervantes de todo el mundo han elegido nuestro manual para enseñar español. Las razones son diversas pero todas nos remiten a las características del enfoque por tareas. Como resumió una usuaria del método, *"GENTE respeta la inteligencia del alumno y del profesor; plantea una manera democrática de enseñar porque al tener como punto de partida la propia identidad de los alumnos, estos siempre tienen algo que aportar y se sienten involucrados en el proceso de aprendizaje."*

Por otro lado, y más allá de las opiniones individuales de profesores y de alumnos, un acontecimiento de enorme importancia ha venido a consolidar el enfoque metodológico de GENTE: la publicación del **Marco común europeo de referencia para las lenguas: aprendizaje, enseñanza, evaluación de lenguas.** Este documento, fruto de diez años de investigación llevada a cabo por especialistas de la lingüística aplicada y de la pedagogía procedentes de todo el mundo, ha dado un impulso decisivo a las tareas al afirmar que "el enfoque aquí adoptado, en sentido general, se centra en la acción en tanto que considera a los ususarios y alumnos que aprenden una lengua principalmente como agentes sociales, es decir, como miembros de una sociedad que tiene tareas (no solo relacionadas con la lengua) que llevar a cabo en una serie determinada de circunstancias, en un entorno específico y dentro de una campo de acción concreto."

Así pues, la respuesta positiva de profesores y de alumnos, y la actualidad del enfoque, nos han estimulado a realizar una nueva edición de GENTE. Para ello hemos emprendido una cuidadosa revisión del manual, asesorados por una serie de equipos internacionales que han aportado su experiencia docente para mejorarlo.

Varios han sido los criterios y objetivos de esta revisión:

– **Revisión didáctica**: los equipos de asesores y los autores han realizado un detallado análisis de todas las actividades del manual con el objetivo de modificar (incluso de sustituir en los casos necesarios) aquellas que no satisfacían plenamente a profesores o a alumnos. En otros casos, simplemente se han propuesto cambios destinados a hacer más transparentes las dinámicas propuestas.

– **Adecuación al Marco de referencia y al Portfolio europeo de las lenguas**: la revisión realizada ha tenido también como objetivo potenciar los aspectos metodológicos más cercanos al enfoque que propugna el Marco. Además, se han marcado con un icono aquellas actividades susceptibles de ser incorporadas al Portfolio europeo de las lenguas, lo que refuerza los mecanismos de autoevaluación y concienciación del proceso de aprendizaje.

– **Actualización**: se han actualizado imágenes, personajes, monedas europeas y datos socioculturales.

– **Adaptación gráfica**: el equipo de diseñadores ha llevado a cabo una relectura del diseño original para hacer más clara y práctica la estructura del manual y de las unidades, poniendo de relieve las cinco secciones y mejorando la legibilidad y la claridad de algunos recursos gráficos.

– **Consultorio gramatical**: los resúmenes gramaticales del *Libro de trabajo*, que ahora se completan con una práctica tabla de verbos regulares e irregulares, se han trasladado al *Libro del alumno*. El objetivo es potenciar el uso de esta herramienta y estimular la autonomía del alumno.

– **Libro de trabajo**: en la nueva edición de GENTE 1 hemos incluido, además, la novela-cómic *Gente que lee*, que hasta ahora publicábamos de manera independiente. La trama de la novela se desarrolla de manera paralela a la progresión funcional y léxica de las secuencias del *Libro del alumno*.

– **CD audio**: para favorecer el trabajo autónomo del aprendiz, se incluyen en el *Libro del alumno* y el *Libro de trabajo* los CD con las audiciones de ambos libros.

Estamos plenamente convencidos de que con esta nueva edición de GENTE, la rentabilidad didáctica del método será mucho mayor tanto para profesores como para alumnos.

Cómo funciona *gente*

ENTRAR EN MATERIA. Estas páginas ofrecen un primer contacto con los temas y con el vocabulario de la unidad. Te anunciaremos cuál es la meta que nos hemos marcado para esta unidad y qué cosas vamos a aprender.

● Se presentan los objetivos y los contenidos gramaticales de la unidad.

Normalmente se proponen pequeñas actividades de comprensión.

CÓMO TRABAJAR CON ESTAS PÁGINAS

✔ La imagen te va a ayudar mucho a comprender los textos o el vocabulario.

✔ Tus conocimientos generales, de otras lenguas o, simplemente, del mundo también te van a ser útiles. Aprovéchalos.

✔ Cuando en las actividades tengas que hablar o escribir, podrás hacerlo con los recursos lingüísticos ya aprendidos en secciones anteriores.

EN CONTEXTO. Estas páginas presentan documentos con imágenes, textos escritos y textos orales similares a los que vas a encontrar en las situaciones reales. Sirven para ponerte en contacto con los contenidos de la unidad y para desarrollar tu capacidad de comprender.

● Hay textos muy variados: conversaciones, anuncios, artículos de prensa, programas de radio, folletos, etc.

CÓMO TRABAJAR CON ESTAS PÁGINAS

✓ Desde el principio vas a leer y a escuchar ejemplos auténticos del español de todos los días. No te preocupes si no lo entiendes absolutamente todo. No es necesario para realizar las actividades.

✓ Encontrarás nuevas estructuras y nuevos contenidos. Tranquilo, en las siguientes secciones vamos a profundizar en su uso.

Estos iconos presentan ejemplos que te servirán de apoyo para preparar tus propias producciones orales o escritas.

● Lo que vamos a hacer con cada documento está en el cuadro "Actividades".

FORMAS Y RECURSOS. En las actividades de estas páginas vamos a fijar la atención en algunos aspectos gramaticales pensando siempre en cómo se usan y para qué sirven en la comunicación.

● Todos los recursos lingüísticos que se practican los encontrarás agrupados en una columna central. Esta "chuleta" te ayudará a realizar las actividades y podrás consultarla siempre que lo necesites.

CÓMO TRABAJAR CON ESTAS PÁGINAS

✓ Muchas veces tendrás que trabajar con un compañero o con varios y así practicaremos de una forma interactiva.

✓ En otras ocasiones te proponemos actividades en las que deberás explorar la lengua, fijarte en sus estructuras y en sus mecanismos para comprender mejor alguna regla determinada.

● En esta nota te indicamos las páginas del "Consultorio gramatical" de esta unidad, que se halla al final del libro; donde podrás ampliar las explicaciones que tienes en la "chuleta".

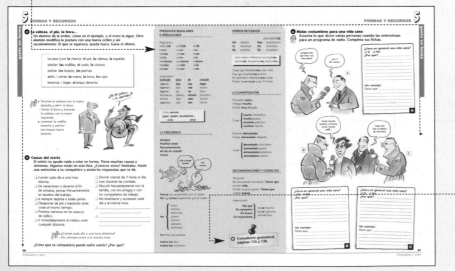

TAREAS. Aquí encontrarás tareas para realizar en cooperación, en pequeños grupos o con toda la clase. Son actividades que nos permitirán vivir en el aula situaciones de comunicación similares a las de la vida real: resolver un problema, ponerse de acuerdo con los compañeros, intercambiar información con ellos y elaborar un texto, entre otras.

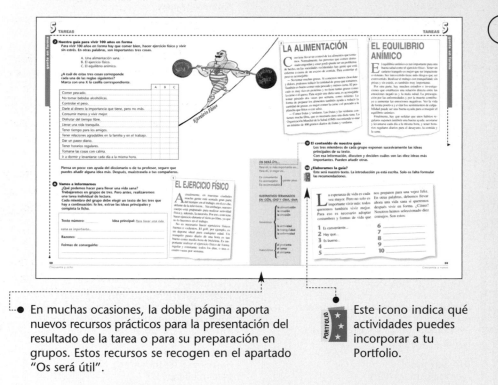

CÓMO TRABAJAR CON ESTAS PÁGINAS

✓ Lo más importante es la fluidez y la eficacia comunicativas. Recuerda que en páginas anteriores ya hemos practicado las herramientas lingüísticas que necesitas para comunicarte con tus compañeros; lo esencial ahora es llegar a manejar, en contexto, de forma natural y efectiva lo que hemos estudiado.

✓ En la fase de preparación, pregunta al profesor lo que necesites saber, o bien búscalo en el libro o en el diccionario, y discute con tus compañeros todo lo que consideres necesario para mejorar "el producto".

● En muchas ocasiones, la doble página aporta nuevos recursos prácticos para la presentación del resultado de la tarea o para su preparación en grupos. Estos recursos se recogen en el apartado "Os será útil".

PORTFOLIO
★ ★ ★
Este icono indica qué actividades puedes incorporar a tu Portfolio.

MUNDOS EN CONTACTO. En estas páginas encontrarás información y propuestas para reflexionar sobre la cultura hispanohablante, tanto sobre la vida cotidiana como sobre otros aspectos, históricos, artísticos, etc.

CÓMO TRABAJAR CON ESTAS PÁGINAS

✓ Muchas veces tendremos que reflexionar sobre nuestra propia identidad cultural y sobre nuestras propias experiencias para poder entender mejor las otras realidades culturales.

✓ Hay textos que te pueden parecer complejos. Pero ten en cuenta que solo tienes que entenderlos, no se trata de producir textos similares.

● En estas páginas encontraremos textos y actividades que nos ayudarán a entender mejor las sociedades hispanohablantes y nuestra propia cultura.

Índice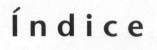

CL = comprensión lectora
CA = comprensión auditiva
IO = interacción oral
EE = expresión escrita

	① gente que estudia español	② gente con gente
ENTRAR EN MATERIA	Identificar nombres propios a partir de una audición y de una lista de nombres para una primera sensibilización sobre la correspondencia entre sonidos y grafías en español.	Especular sobre la edad, la profesión y los rasgos del carácter de una serie de personas.
EN CONTEXTO	**COMUNICACIÓN** Expresar intereses respecto al español. **SISTEMA FORMAL** Numerales del 1 al 10. Artículo determinado. Concordancia de género y de número. **VOCABULARIO** Nombres de los países hispanohablantes. **TEXTOS** Concurso televisivo (CA).	**COMUNICACIÓN** Entender información sobre las personas. Entender opiniones y valoraciones sobre las personas. **VOCABULARIO** Edad, nacionalidad, estado civil, aficiones, estudios, profesión y carácter. **TEXTOS** Conversaciones (CA).
FORMAS Y RECURSOS	**COMUNICACIÓN** Dar y entender un número de teléfono. Identificar países en una mapa. Deletrear. Recursos de control de la comunicación. **SISTEMA FORMAL** Grafía de algunos fonemas. Pronombres sujeto: morfología. Presente de Indicativo del verbo **ser**. Artículos: **el, la, los, las**. Demostrativos: **esto; este/a/os/as**. **Sí, no**. **VOCABULARIO** Nombres de las letras.	**COMUNICACIÓN** Pedir y dar información sobre personas: nombre, edad, profesión, nacionalidad, estado civil. Valorar rasgos personales. **SISTEMA FORMAL** Presente de Indicativo: -ar, -er, ir. **Llamarse**. Posesivos: **mi, tu, su, mis, tus, sus**. Adjetivos: flexión de género y de número. **Muy, bastante, un poco, nada** + *adjetivo*. Numerales del 20 al 100. **VOCABULARIO** Relaciones de parentesco. Nacionalidades. **TEXTOS** Conversaciones (CA, IO).
TAREAS	**Conocer a los compañeros averiguando sus intereses respecto al mundo hispano y confeccionando la lista de la clase.** **COMUNICACIÓN** En un grupo, identificar a personas por el nombre. Dar información con diferentes grados de seguridad y expresar desconocimiento. Nombres y apellidos en español. **SISTEMA FORMAL** Numerales del 1al 20.	**Obtener información sobre un compañero y buscar personas afines a él.** **COMUNICACIÓN** Entender y dar información sobre personas. Razonar una decisión. **SISTEMA FORMAL** **Porque**. **También**. **El mismo/la misma**. **VOCABULARIO** Reutilización y ampliación de lo presentado en secciones anteriores. **TEXTOS** Conversaciones (CA, IO).
MUNDOS EN CONTACTO	Reflexionar sobre el estereotipo y la imagen parcial de las demás culturas a partir de la lectura de un texto y de una serie de imágenes del mundo hispano. Primera sensibilización sobre los diferentes acentos del español.	Aproximarse a la diversidad cultural de las regiones y ciudades españolas, mediante un texto informativo y un mapa ilustrado con algunas características culturales y socioeconómicas de cada zona.

③ gente de vacaciones	④ gente de compras	⑤ gente en forma
Obtener información de un folleto turístico y elegir un viaje, atendiendo a los propios intereses y preferencias.	A partir de la observación de una imagen panorámica de las distintas tiendas de un centro comercial y de una lista de productos, aprender vocabulario relacionado con esta área temática.	A partir de fotografías y de una lista de actividades, comparar con otros compañeros los hábitos propios relacionados con la salud.

③ gente de vacaciones

COMUNICACIÓN
Describir hábitos relativos a las vacaciones.
Expresar gustos y preferencias.

SISTEMA FORMAL
(A mí) me interesa, (a mí) me gusta/n, quiero.
Porque.

VOCABULARIO
Turismo y vacaciones.
Medios de transporte.
Estaciones del año.

TEXTOS
Conversaciones (CA y IO). Anuncios (CL).

COMUNICACIÓN
Existencia y ubicación.
Gustos y preferencias.

SISTEMA FORMAL
Hay, tiene, está/n.
Y, ni, también, tampoco.
Querer, gustar.
Presencia / ausencia del artículo.
Qué, dónde, cuántos/as.

VOCABULARIO
La ciudad: lugares y servicios.
Alojamiento.

TEXTOS
Página web con información sobre una localidad española (CL).
Conversaciones (CA y IO).

Elegir entre varias ofertas para las vacaciones y planificarlas en grupo.

COMUNICACIÓN
Referirse a fechas, a lugares, a alojamientos y a actividades.
Manifestar preferencias.
Llegar a un acuerdo.

SISTEMA FORMAL
Preferir / querer + *Infinitivo*.

VOCABULARIO
Meses.
Actividades en vacaciones.

TEXTOS
Conversaciones (IO).
Folletos turísticos (CL).

Obtener información sobre la oferta cultural de una región a partir de un folleto de promoción.

Juego de ubicación de lugares en un mapa de Sudamérica.

④ gente de compras

COMUNICACIÓN
Informarse sobre la existencia y el precio de un producto y sobre las formas de pago.
Valorar productos y precios.

SISTEMA FORMAL
Necesitar. Tener que + *Infinitivo*.

VOCABULARIO
Tiendas y productos (domésticos y de uso personal).

TEXTOS
Lista de compras (CL).
Ticket de compra (CL).
Conversaciones (CL, CA).

COMUNICACIÓN
Preguntar el precio.
Dar opiniones y razonarlas.

SISTEMA FORMAL
Numerales a partir de 100.
Monedas y precios: concordancia de los numerales.
Demostrativos: forma neutra y formas concordadas. Uso deíctico.
Presente de Indicativo de **tener**.
Tener que + *Infinitivo*.
¿Cuánto cuesta/n?
Un/uno/una: formas y usos.

VOCABULARIO
Nombres de monedas.
Colores.
Ropa, prendas de vestir y objetos de uso personal.
Adjetivos relativos al estilo en el vestir.

TEXTOS
Conversaciones (IO).

Ponerse de acuerdo para adquirir lo necesario para una fiesta. Buscar regalos apropiados para algunas personas.

COMUNICACIÓN
Hablar sobre la existencia de objetos.
Informar sobre la necesidad.
Ofrecerse a hacer algo.
Elegir un objeto y razonar la elección.

SISTEMA FORMAL
Presente de Indicativo de **poder**.
Pronombres átonos personales: objeto directo y objeto indirecto.

VOCABULARIO
Regalos personales.
En una fiesta: objetos y productos.

TEXTOS
Conversaciones (CA, IO). Tabla (EE).

Conocer las costumbres más generales de las fiestas navideñas en España, a través de la lectura de un texto informativo y de una carta a los Reyes Magos.

Contrastar algunos usos sociales relativos a los regalos.

⑤ gente en forma

COMUNICACIÓN
Entender y referirse a descripciones de posturas corporales.
Preguntar y opinar sobre actividades relativas al ejercicio físico.

VOCABULARIO
Partes del cuerpo humano.
Actividades físicas.

TEXTOS
Revistas: artículos de divulgación (CL).
Entrevista radiofónica (CA, IO).
Conversaciones (IO).

COMUNICACIÓN
Hablar sobre hábitos.
Hacer recomendaciones y dar consejos.

SISTEMA FORMAL
Presentes de Indicativo regulares, e irregulares: **dormir, dar, ir, hacer,** y o>ue, u>ue.
Verbos reflexivos: colocación del pronombre.
Es + *adjetivo* + *Infinitivo*. **Hay que** + *Infinitivo*.
Frecuencia: **siempre, todos los días, muchas veces, de vez en cuando, nunca...**
Negación: **nunca** + *verbo*, **no** + *verbo* + **nunca**.
Adverbios de cantidad: **muy, mucho, demasiado, más, menos**.
Adjetivos: **mucho/a/os/as, demasiado/a/os/as**.

VOCABULARIO
Aspecto físico y actividades físicas.
Partes del cuerpo.
Días de la semana.

TEXTOS
Entrevista radiofónica (CA). Encuesta (CL, IO).

Elaborar una guía para vivir 100 años en forma.

COMUNICACIÓN
Lectura de textos: obtención de la información principal.
Transmitir información de los textos leídos.
Ponerse de acuerdo en los puntos más importantes.
Elaborar una serie de recomendaciones.

SISTEMA FORMAL
Género de los sustantivos: -ción, -dad, -oma, -ema.

VOCABULARIO
Reutilización de lo aparecido en las secciones anteriores.

TEXTOS
Artículos periodísticos (CL).
Guía con consejos (EE).
Conversaciones (IO).

Conocer los horarios y las rutinas diarias más frecuentes en España, a partir de un reportaje periodístico. Contrastar con los del propio país.

	6 gente que trabaja	**7** gente que come bien	**8** gente que viaja
ENTRAR EN MATERIA	Establecer la correspondencia entre nombre e imagen de distintas profesiones y comentar las cualidades necesarias para cada una de ellas, con el apoyo de los recursos lingüísticos que se ofrecen.	Encontrar la correspondencia entre una serie de fotos de productos españoles y sus nombres, y comparar gustos sobre la comida.	Obtener información de una agenda y decidir el lugar y el momento para fijar una cita con su propietaria.

EN CONTEXTO

6 gente que trabaja

COMUNICACIÓN
Dar y entender información sobre experiencias.
Entender anuncios de trabajo.
Opinar sobre ventajas y desventajas de las profesiones.
Razonar opiniones.

VOCABULARIO
Nombres de profesiones.
Perfiles y características profesionales.

TEXTOS
Anuncios de prensa (CL).
Conversaciones (CA, IO).

7 gente que come bien

COMUNICACIÓN
Compra de alimentos básicos.
Pesos y medidas.
Desenvolverse en un restaurante.
Descripción y valoración de hábitos alimentarios. Recomendaciones.

VOCABULARIO
Alimentos y envases.
Cocina: ingredientes, platos y recetas.

TEXTOS
Menú de un restaurante (CL).
Listas de la compra (CL).
Entrevista periodística (IO, CL).
Conversaciones (CA, IO).

8 gente que viaja

COMUNICACIÓN
Entender referencias a lugares de una ruta y a acciones futuras.
Fórmulas al teléfono.

SISTEMA FORMAL
Horas y fechas. **Todavía, todavía no, ya.**
Estar en, estar entre... y..., pasar por, llegar a, estar a x km de...

VOCABULARIO
Viajes, rutas. Enseñanza.

TEXTOS
Texto informativo (CL). Programa de estudios (CL). Al teléfono (CA).

FORMAS Y RECURSOS

6 gente que trabaja

COMUNICACIÓN
Informar sobre habilidades y valorarlas.
Dar y pedir información sobre experiencias.

SISTEMA FORMAL
Pretérito Perfecto: morfología.
Participios irregulares: **visto, hecho, escrito, dicho.**
Frecuencia: **una vez, dos/tres... veces, muchas veces, varias veces.**
Valoración: **bien, regular, mal.**
Saber: Presente de Indicativo.

VOCABULARIO
Datos personales y experiencias relacionadas con la profesión.
Aficiones y habilidades.

TEXTOS
Conversaciones (CA, IO).

7 gente que come bien

COMUNICACIÓN
Pedir en un restaurante.
Solicitar y dar información sobre un plato.

SISTEMA FORMAL
Pesos y medidas.
Poco/un poco de.
Nada, ningún/ninguna.
Demasiado/a/os/as, mucho/a/os/as, poco/a/os/as, suficiente/s.
Forma impersonal con **se.**

VOCABULARIO
Platos típicos e ingredientes.
Bebidas.
Envases.

TEXTOS
Menú (CL).
Conversaciones (CA, IO).

8 gente que viaja

COMUNICACIÓN
Pedir y dar información: hora y fecha.
Fórmulas frecuentes en los hoteles.
Rutas (distancias, medios, origen y destino).

SISTEMA FORMAL
De... a, desde... hasta.
En + medio de transporte.
Marcadores de futuro: **próximo/a, ...que viene.**
Ya, todavía, todavía no.
Interrogativas: **cuándo, cuánto, qué.**
Dar información sobre la fecha y la hora.

VOCABULARIO
Medios de transporte.
Alojamiento en hoteles.
Establecimientos.

TEXTOS
Reglas de un juego (CL).
Rótulos (CL).
Conversaciones (IO).

TAREAS

6 gente que trabaja

Distribuir diferentes puestos de trabajo entre un grupo de personas.

COMUNICACIÓN
Dar y entender información sobre perfiles profesionales.
Hacer una propuesta y razonarla.
Aceptar o rechazar otras propuestas.

VOCABULARIO
Datos personales: nombre y apellidos, edad, domicilio...
Currículum profesional: estudios, idiomas, experiencia de trabajo, carácter y aptitudes.

SISTEMA FORMAL
Sí, pero.
Sí, y también.

TEXTOS
Programa de radio (CA).
Fichas personales con currículum vitae (CL, EE).

7 gente que come bien

Recopilar las mejores recetas de la clase en forma de "Libro de cocina".

COMUNICACIÓN
Entender una receta a partir de una conversación, de un texto y de unas imágenes.
Dar y entender instrucciones.
Escribir una receta y explicarla.

SISTEMA FORMAL
Marcadores de secuencia: **primero, después, luego, al final.**
Con, sin.

VOCABULARIO
Ampliación de lo presentado en secciones anteriores.

TEXTOS
Receta (CL, CA, EE).
Conversaciones (CA, IO).

8 gente que viaja

Planificar un viaje de negocios decidiendo vuelos y alojamiento.

COMUNICACIÓN
Referirse a horarios.
Obtener información sobre hoteles.
Reservar billetes y hotel.
Razonar ventajas e inconvenientes.

SISTEMA FORMAL
Ir a + *Infinitivo.*
Marcadores temporales: **tarde / pronto, antes / después de, de día / de noche.**
Quisiera + *Infinitivo.*

VOCABULARIO
Reutilización de lo presentado en secciones anteriores.

TEXTOS
Horarios (CL). Anuncios de hoteles (CL).
Al teléfono (CA). Conversaciones (IO).

MUNDOS EN CONTACTO

6 gente que trabaja

Conocer la opinión de los españoles sobre la importancia del trabajo en sus vidas, reflejada en estudios sobre el tema.

Reflexionar sobre estilos de vida a partir de un reportaje periodístico sobre un joven español.

7 gente que come bien

Descubrir y comparar hábitos relacionados con la alimentación a partir de la lectura de un texto novelado.

Asociar palabras con algunos alimentos y escribir un poema, a partir de la lectura de dos poemas.

8 gente que viaja

Reflexionar sobre las diferencias culturales en el ámbito de las relaciones profesionales y sobre los malentendidos interculturales a partir de un artículo de opinión.

Leer una lista desordenada de informaciones de cuatro ciudades del mundo hispano, y decidir a cuál de ellas se refieren.

Sobre un plano de una vivienda, distribuir adecuadamente una serie de muebles.

Relacionar fechas y acontecimientos importantes a partir de una serie de titulares de prensa e informar sobre los acontecimientos más importantes de la historia del propio país.

COMUNICACIÓN
Una encuesta: entender y responder.
Hacer valoraciones, establecer prioridades personales e informar sobre ellas.

VOCABULARIO
La ciudad: servicios públicos (transportes, educación, sanidad...); cultura y ocio; ecología y clima; actividades comerciales e industriales; población, sociedad e historia.

TEXTOS
Encuesta (CL). Textos breves de enciclopedia (CL). Conversaciones (IO).

COMUNICACIÓN
Contactos sociales en una visita: saludar, hacer presentaciones, despedirse, ritos.
Entender descripciones de viviendas.

VOCABULARIO
La vivienda: situación, espacios.

TEXTOS
Conversaciones (CA, CL).
Anuncios de prensa (CL).

COMUNICACIÓN
Entender la información objetiva en diarios personales.
Relacionar los datos obtenidos con el conocimiento general de la historia.
Fechar acontecimientos.

VOCABULARIO
Acontecimientos históricos.
Rutina cotidiana.

TEXTOS
Diarios personales (CL).
Conversaciones (IO).

COMUNICACIÓN
Describir una ciudad.
Hacer valoraciones y comparaciones.
Expresar opiniones, acuerdo y desacuerdo.
Expresar gustos y deseos.

SISTEMA FORMAL
Comparar: **más / menos... que, mejor, peor.**
Superioridad: **el/la/los/las más...**
Igualdad: **el/la/los/las mismo/a/os/as, tan... como, tanto/a/os/as.**
Oraciones de relativo: **que, en el/la/los/las que, donde.**
(A mí) me gusta / me gustaría.
(A mí) me parece que...
Yo (no) estoy de acuerdo con...

VOCABULARIO
Reutilización de lo aparecido en secciones anteriores.

TEXTOS
Conversaciones (IO). Juego de lógica (CL).

COMUNICACIÓN
Pedir y dar direcciones.
Ofrecer cosas.
Dar indicaciones en la ciudad.
Pedir y conceder permiso.
Hacer presentaciones.
Fórmulas más frecuentes al teléfono.
Criterios para la elección de **tú/usted.**

SISTEMA FORMAL
Imperativo: las tres conjugaciones.
Contraste (en singular y plural) de **tú/usted:** Presente de Indicativo, Imperativo (con reflexivos y sin ellos), **te/le/se/os.**
Estar + *Gerundio.*
Marcadores espaciales: **por... hasta..., allí... y luego...**

VOCABULARIO
Abreviaturas en las direcciones postales.

TEXTOS
Conversaciones (CA).

COMUNICACIÓN
Fechas importantes de la propia vida.
Describir condiciones de vida en el pasado.
Relatar la jornada de una persona.

SISTEMA FORMAL
Pretéritos Indefinidos regulares. **Ser, tener** y **estar.**
Pretéritos Imperfectos regulares. **Ser** e **ir.**
Contraste de los usos del Perfecto y del Indefinido: marcadores del pasado.
Usos del Imperfecto: circunstancias en un relato. Imperfecto de habitualidad.
Relacionar acontecimientos: **por eso, así que, luego, después, entonces.**

VOCABULARIO
Reutilización de lo aparecido en la sección anterior.

TEXTOS
Entrevista de radio (CA). Conversaciones (CA, IO).

Discutir los problemas de una ciudad y establecer prioridades en sus soluciones.

COMUNICACIÓN
Hacer valoraciones.
Establecer prioridades.
Hacer propuestas y defenderlas.
Mostrar acuerdo y desacuerdo.

SISTEMA FORMAL
Es urgente / fundamental /... + *Infinitivo.*
Eso (anafórico).

VOCABULARIO
Reutilización y ampliación de lo aparecido en las secciones anteriores.

TEXTOS
Reportaje periodístico (CL).
Encuesta radiofónica (CA).
Ponencia (IO).

Simular una visita a una familia española en su casa.

COMUNICACIÓN
Hacer invitaciones y aceptarlas.
Hacer cumplidos como anfitrión y como huésped: ofrecer algo, entregar un obsequio, interesarse por familiares.
Saludar y despedirse.
Dar y seguir instrucciones en trayectos a pie.

SISTEMA FORMAL
¿Qué tal + *nombre?*
¡Qué + *nombre* **+ tan +** *adjetivo!*
¿Por qué no...?
Así...

VOCABULARIO
La vivienda. La ciudad: direcciones y transportes.

TEXTOS
Conversaciones (IO).

Escribir la biografía de una personalidad del mundo hispano.

COMUNICACIÓN
Estructurar un texto biográfico.
Fechar momentos y acontecimientos.
Referirse a las condiciones y a las circunstancias históricas.

SISTEMA FORMAL
A los... años. De niño / joven / mayor...
Al + *Infinitivo.*
Desde... hasta.

VOCABULARIO
Etapas de la biografía de una persona: edades, formación, vida profesional y familiar.
Acontecimientos históricos, políticos y sociales.

TEXTOS
Fichas de trabajo con informaciones personales (CL). Conversaciones (IO). Relato biográfico (EE).

Escuchar las descripciones de tres ciudades e identificarlas con una fotografía.

Texto poético.

A partir de la información obtenida en un texto novelístico y unos anuncios de prensa, elegir distintos tipos de viviendas para distintas personas.

Informarse de la situación sociopolítica de la España de la posguerra a partir de la lectura de un texto novelístico que narra los recuerdos de infancia de su protagonista.

Vamos a tener un primer contacto con la lengua española y con los países en los que se habla. También vamos a conocer a los compañeros de la clase.

Para ello, aprenderemos:

- ✔ el alfabeto y la correspondencia entre sonidos y grafías,
- ✔ a dar y a pedir información sobre el nombre, el número de teléfono y la dirección electrónica,

- ✔ algunas preguntas útiles para la clase,
- ✔ los pronombres personales sujeto **yo, tú, él, usted...**
- ✔ **este, esta, estos, estas; esto,**
- ✔ el género y el número de los sustantivos.

*gente*que

estudia

español

1 El primer día de clase

Esto es una escuela de idiomas en España. Laura, la profesora, está pasando lista. ¿Están todos? Pon una cruz (X) al lado de los estudiantes que sí están.

	NOMBRE	APELLIDOS
1	Ana	REDONDO CORTÉS
2	Luis	RODRIGO SALAZAR
3	Eva	TOMÁS ALONSO
4	José Antonio	VALLÉS PÉREZ
5	Raúl	OLANO ARTIGAS
6	Mari Paz	RODRÍGUEZ PRADO
7	Francisco	LEGUINECHE ZUBIZARRETA
8	Cecilia	CASTRO OMEDES
9	Alberto	VIZCAÍNO MORCILLO
10	Silvia	JIMÉNEZ LUQUE
11	Nieves	HERRERO GARCÍA
12	Paz	GUILLÉN COBOS
13	Gerardo	BERMEJO BERMEJO
14	David	BLANCO HERRERO

2 ¿Cómo suena el español?

Escucha otra vez los nombres. Tu profesor los leerá despacio. ¿Has oído sonidos "nuevos" para ti?

3 El español y tú

Cada uno de nosotros tiene intereses diferentes.
¿A ti te interesan estos temas?

A

B

C

EL ESTADO MEXICANO CIERRA

___ 1 (uno):   Las playas

___ 2 (dos):   La cultura

___ 3 (tres):   La gente

___ 4 (cuatro): El arte

___ 5 (cinco): La comida

___ 6 (seis):   La política

___ 7 (siete): Los negocios

___ 8 (ocho):   Las grandes ciudades

___ 9 (nueve): Las fiestas populares

___ 10 (diez): La naturaleza

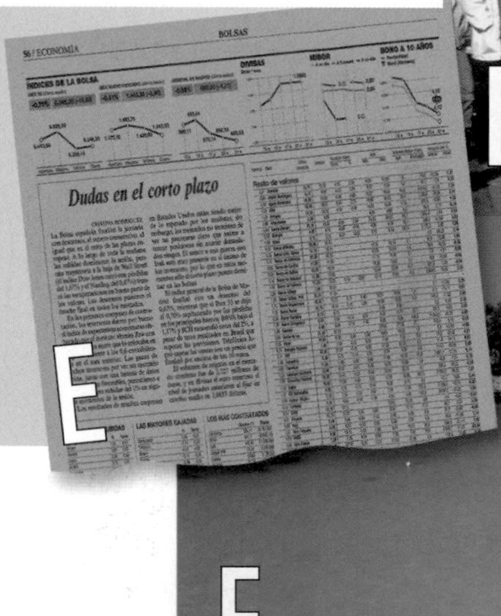

D

E

Dudas en el corto plazo

F

Actividades

A Intenta relacionar los temas con las fotos.

B ¿Tú qué quieres conocer del mundo hispano?

• Yo, las playas y la comida.

C ¿Sabes ya contar hasta diez en español? A ver... Inténtalo sin mirar.

❹ El español en el mundo

La televisión está transmitiendo el "Festival de la Canción Hispana". Participan todos los países en los que se habla español. Ahora está votando Argentina.

ARGENTINA

☐ BOLIVIA
☐ COLOMBIA
☐ COSTA RICA
☐ CHILE
☐ CUBA
☐ ECUADOR
☐ ESPAÑA

☐ FILIPINAS
☐ GUATEMALA
☐ GUINEA ECUATORIAL
☐ HONDURAS
☐ MÉXICO
☐ NICARAGUA
☐ PANAMÁ

☐ PARAGUAY
☐ PERÚ
☐ PUERTO RICO
☐ REP. DOMINICANA
☐ EL SALVADOR
☐ URUGUAY
☐ VENEZUELA

Actividades

A ¿Cuántos puntos da Argentina a cada país? Anótalo en la pantalla.

B Cierra ahora el libro: ¿puedes decir el nombre de cinco países de la lista?

5 Un, dos, tres, cuatro, cinco...

Un alumno lee uno de estos números de teléfono. Los demás tienen que adivinar de quién es.

● Nueve, cuatro, ocho, tres, seis, cinco, cero, cero, ocho.
○ Pérez Pérez, V.

Pérez Fernández, C. - Pl. de las Gardenias, 7	948 365 501
Pérez Medina, M.E. - Río Tajo, 9	948 387 925
Pérez Montes, J.L. - García Lorca, 5	948 313 346
Pérez Moreno, F. - Fernán González, 16	948 394 321
Pérez Nieto, R. - Pl. Santa Teresa, 12-14	948 303 698
Pérez Ordóñez, A. - Pl. Independencia, 2	948 374 512
Pérez Pérez, S. - Puente de Toledo, 4	948 344 329
Pérez Pérez, V. - Galileo, 4	948 365 008
Pérez Pescador, J. - Av. del Pino, 3-7	948 330 963
Pérez Pico, L. - Av. Soria, 11	948 357 590

6 Un poco de geografía

¿Podéis situar en el mapa los países de la lista? Trabajad en parejas.

● (Yo creo que) esto es Perú.
○ ¿Perú? No, esto es Colombia.

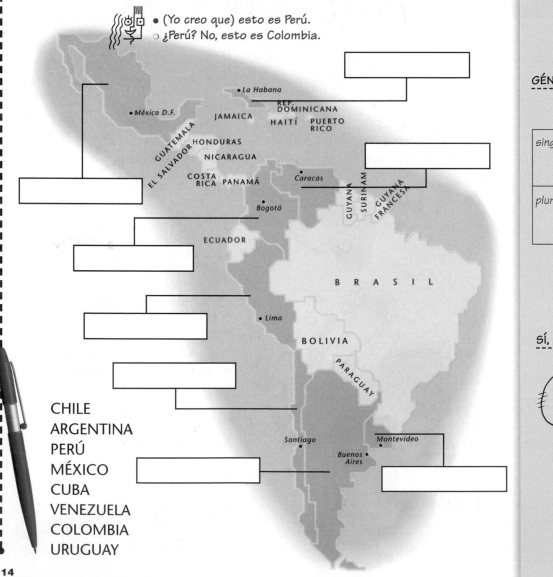

CHILE
ARGENTINA
PERÚ
MÉXICO
CUBA
VENEZUELA
COLOMBIA
URUGUAY

SER: EL PRESENTE

(yo)	soy
(tú)	eres
(él, ella, usted)	es
(nosotros, nosotras)	somos
(vosotros, vosotras)	sois
(ellos, ellas, ustedes)	son

GÉNERO Y NÚMERO

	masculino	femenino
singular	el / este el país este país	la / esta la ciudad esta ciudad
plural	los / estos los países estos países	las / estas las ciudades estas ciudades

esto
Esto es Chile.

SÍ, NO

PARA LA CLASE

¿Cómo se escribe?
¿Se escribe con hache / be / uve...?
¿Cómo se dice... en español?
¿Cómo se pronuncia...?
¿Qué significa...?

EL ALFABETO

A a	B be	C ce
D de	E e	F efe
G ge	H hache	I i
J jota	K ka	L ele
M eme	N ene	Ñ eñe
O o	P pe	Q cu
R ere/erre	S ese	T te
U u	V uve	W uve doble
x equis	Y i griega	Z zeta

Yo soy la a.

Yo soy la zeta.

➡ **Consultorio gramatical, páginas 124 a 126.**

7 **Sonidos y letras**
Escucha estos nombres y apellidos. Observa cómo se escriben.

H
Hugo
Hernández
Hoyo

C/Qu
Carolina
Cueto
Cobos
Quique
Quesada

G/J
Jaime
Jiménez
Juárez
Gerardo
Ginés

B/V
Borja
Bermúdez
Bárcena
Vicente
Velasco

C/Z
Celia
Cisneros
Zara
Zorrilla

R
Marina
Pérez
Arturo
Aranda

R/rr
Rita
Rodrigo
Curro
Parra

Ch
Pancho
Chaves
Chelo

G/Gu
Gonzalo
Guerra
Guadalupe
Guillén

Ll
Valle
Llorente
Llanos

Ñ
Toño
Yáñez
Paños

8 **¿Qué ciudad es?**
Elige una de estas etiquetas de aeropuerto y deletréala. Tus compañeros tienen que adivinar el nombre de la ciudad.

● Ele, i, eme.
○ ¡Lima!

¿Conoces otras abreviaturas de aeropuertos?

9 ¿Quién es quién?

Estos son algunos personajes famosos del mundo hispano. ¿Los conoces? Háblalo con tu compañero.

- ☐ PEDRO ALMODÓVAR
- ☐ PABLO PICASSO
- ☐ ENRIQUE IGLESIAS
- ☐ MIGUEL DE CERVANTES
- ☐ GABRIEL GARCÍA MÁRQUEZ
- ☐ CHE GUEVARA
- ☐ PENÉLOPE CRUZ
- ☐ RAÚL
- ☐ SHAKIRA

- Este es Raúl, ¿no?
- ○ No, creo que es Enrique Iglesias. Raúl es este, el seis.
- ¿Y el ocho?
- ○ No sé.
- Yo creo que es...

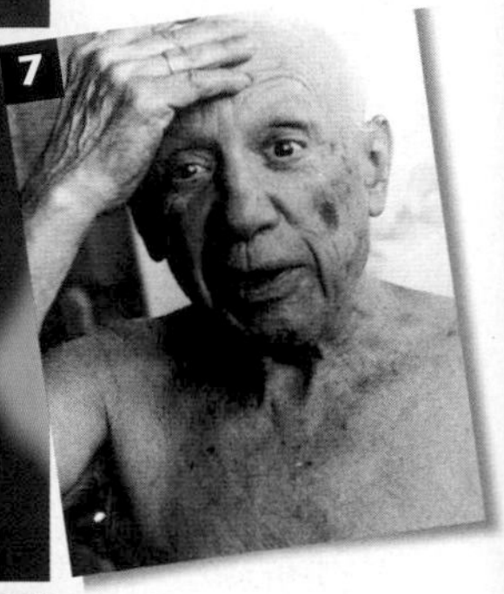

¿Conoces a otros personajes hispanos? ¿Cuáles?

---

10 El país más interesante para nuestra clase

¿Cuál es? Vamos a hacer una estadística en la pizarra. Primero, escribe aquí al lado los nombres de los tres que te interesan más.

3 puntos: _____
2 puntos: _____
1 punto: _____

ARGENTINA	FILIPINAS	PARAGUAY
BOLIVIA	GUATEMALA	PERÚ
COLOMBIA	GUINEA ECUATORIAL	PUERTO RICO
COSTA RICA	HONDURAS	REPÚBLICA DOMINICANA
CUBA	MÉXICO	EL SALVADOR
CHILE	NICARAGUA	URUGUAY
ECUADOR	PANAMÁ	VENEZUELA
ESPAÑA		

OS SERÁ ÚTIL

11 once
12 doce
13 trece
14 catorce
15 quince
16 dieciséis
17 diecisiete
18 dieciocho
19 diecinueve
20 veinte

Si queréis, podéis buscar información sobre los países ganadores y presentarla a la clase.

11 Nombres y apellidos

¿Puedes clasificar estos nombres y apellidos en su lugar correspondiente?
Piensa en personajes famosos, en nombres parecidos en tu lengua...
Compara, después, tu lista con las de dos compañeros.

José   Pablo

García   Miguel

Márquez   Ana

Susana   Ernesto

María   Mateo

Pedro   Juan

Luis   José

Isabel   Villa

Martínez   Casas

Fidel   Felipe

González   Salvador

Plácido   Fernández

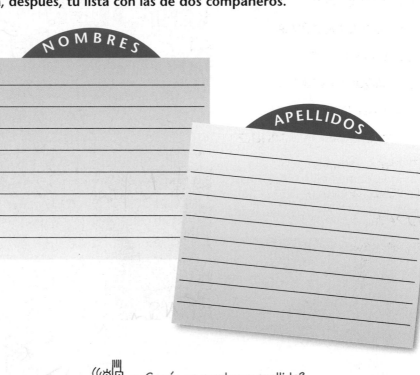

NOMBRES

APELLIDOS

- ¿García es nombre o apellido?
- No sé...
- Apellido. Por ejemplo, Gabriel García Márquez.

- ¿Cuál es tu número de teléfono?
- (Es el) 912 344 562 y el móvil, 606 113 423.

- ¿Tienes correo electrónico?
- Sí, mi dirección es luigi3@melo.net. / No, no tengo.

¿Cómo te llamas?

Luigi Caffo.

¿Caffo es nombre o apellido?

12 La lista

¿Sabes cómo se llaman todos tus compañeros de clase? Vamos a hacer la lista.
Tienes que preguntar a cada uno cómo se llama: nombre y apellido.
Luego, pregúntales su número de teléfono y su dirección electrónica, si tienen.
Ahora, alguien puede pasar lista. ¿Cuántos sois?

13 De la A a la Z

Mira la lista de la página 11 y ordénala alfabéticamente. Luego, vamos a comparar nuestros resultados.

- 1, Bermejo; 2, Castro...
- No, 1, Bermejo; 2, Blanco; 3, Castro...

Bermejo... Castro
Blanco

EL MUNDO
DEL ESPAÑOL

Todos sabemos algo de los países en los que se habla español: de sus ciudades, de sus tradiciones, de sus paisajes, de sus monumentos, de su arte y de su cultura, de su gente.

Pero muchas veces nuestra información de un país no es completa; conocemos solo una parte del país: sus ciudades más famosas, sus paisajes más conocidos, sus tradiciones más folclóricas.

El mundo hispano tiene muchas caras y cada país tiene aspectos muy diferentes.

14 ¿Puedes decir de dónde son estas fotos?
¿De España o de Latinoamérica?

● La seis es Latinoamérica, ¿no? México...
○ No, no. Yo creo que es España.

15 El español también suena de maneras diferentes. Vas a escuchar tres versiones de una misma conversación. ¿Cuál te suena mejor?

S O L U C I O N E S

1/ Los pirineos, España. 2/ Buenos Aires, Argentina. 3/ Segovia, España. 4/ Valparaíso, Chile. 5/ Tarragona, España. 6/ Gijón, España.

Vamos a conocer los gustos y las aficiones de un compañero y a buscar personas afines a él.

Para ello, aprenderemos:

✔ a pedir y a dar información sobre personas: nacionalidad, edad, profesión y estado civil,

✔ a expresar nuestra opinión sobre los demás y a hablar de sus cualidades,

✔ a hablar de relaciones entre personas,

✔ los numerales del 20 al 100,

✔ a dar explicaciones con **porque**,

✔ el Presente de Indicativo de las tres conjugaciones,

✔ el género y el número de los adjetivos.

IVAN

UNAI

MIREIA

gente con gente

MARIANNE

PABLO

BEGOÑA

1 **¿Quiénes son?**

Tú no conoces a estas personas pero tu profesor tiene información sobre ellos. ¿Tienes intuición? Asígnales los datos de las listas.

es profesor/a de español PBL
es diseñador/a IVAN   (no) es español/a
es estudiante de ESO MRN   española
trabaja en una editorial MIREA
estudia en la Universidad UNAI
es profesor/a de dibujo BGN

tiene 15 (quince) años MRN
tiene 19 (diecinueve) años UNAI
tiene 27 (veintisiete) años PAB
tiene 39 (treinta y nueve) años IVAN
tiene 29 (veintinueve) años MIREIA
tiene 52 (cincuenta y dos) años BGNA

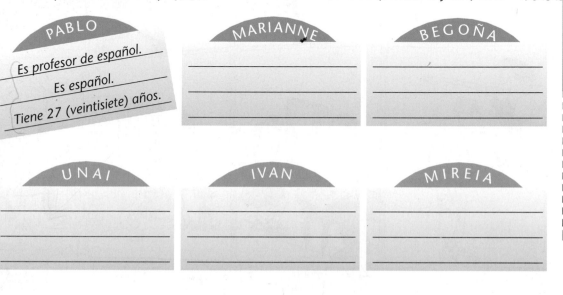

PABLO
Es profesor de español.
Es español.
Tiene 27 (veintisiete) años.

MARIANNE
_____
_____
_____

BEGOÑA
_____
_____
_____

UNAI
_____
_____
_____

IVAN
_____
_____
_____

MIREIA
_____
_____
_____

Compara tus fichas con las de dos compañeros. Luego, preguntad al profesor si vuestros datos son correctos. ¿Quién ha tenido más intuición?

• Yo creo que Unai es diseñador.
○ Sí, yo también creo que es diseñador.
• No... Yo creo que estudia en la Universidad.

2 **¿De quién están hablando?**

¿A qué personas de la actividad 1 crees que se refieren estas opiniones? ¿Tus compañeros están pensando en las mismas personas?

• ¡Qué simpático es!
○ Sí, es una persona muy agradable.
• Y muy trabajador.
○ Sí, es cierto. Y no es nada egoísta...
• No, qué va... Al revés...

■ Es una mujer muy inteligente.
□ Sí, pero es pedante, antipática...
■ Sí, eso sí... Y un poco egoísta...
□ ¡Muy egoísta...!

3 **Las formas de los adjetivos**

Subraya los adjetivos de las conversaciones anteriores. ¿Puedes clasificarlos en masculinos y en femeninos?

4 La gente de la calle Picasso

Todas estas personas viven en la calle Picasso. Son hombres y mujeres; niños, jóvenes y personas mayores; casados y solteros; españoles y de otros países... Hoy es sábado por la mañana y están todos en casa.

casa 1
MARIBEL MARTÍNEZ SORIA
Es ama de casa.
Es española.
Hace aeróbic y estudia Historia.
Es muy sociable y muy activa.

JUANJO RUIZ PEÑA
Trabaja en un banco.
Es español.
Corre y hace fotografías.
Es muy buena persona pero un poco serio.

MANUEL RUIZ MARTÍNEZ
Juega al fútbol.
Es muy travieso.

EVA RUIZ MARTÍNEZ
Toca la guitarra.
Es muy inteligente.

casa 2
BEATRIZ SALAS GALLARDO
Es periodista.
Es española.
Juega al tenis y estudia inglés.
Es muy trabajadora.

JORGE ROSENBERG
Es fotógrafo.
Es argentino.
Colecciona sellos.
Es muy cariñoso.

DAVID ROSENBERG SALAS
Come mucho y duerme poco.

casa 3
RAQUEL MORA VILAR
Estudia Económicas.
Es soltera.
Juega al squash.
Es un poco pedante.

SARA MORA VILAR
Estudia Derecho.
Es soltera.
Toca el piano.
Es muy alegre.

casa 4
JOSÉ LUIS BAEZA PUENTE
Es ingeniero.
Está separado.
Toca la batería.
Es muy callado.

UWE SCHERLING
Es profesor de alemán.
Es soltero.
Toca el saxofón.
Es muy simpático.

casa 5
LORENZO BIGAS TOMÁS
Trabaja en Iberia.
Está divorciado.
Es muy tímido.

SILVIA BIGAS PÉREZ
Es estudiante.
Baila flamenco.
Es un poco perezosa.

casa 6
ADRIANA GULBENZU RIAÑO
Trabaja en una farmacia.
Es viuda.
Pinta.
Es muy independiente.

TECLA RIAÑO SANTOS
Está jubilada.
Es viuda.
Hace punto y cocina.
Es muy amable.

Actividades

A Si miras la imagen y lees los textos, puedes saber muchas cosas de estas personas. Busca gente con estas características y escribe su nombre.

un niño _____

un hombre soltero _____

una persona que hace deporte _____

una chica que estudia _____

una señora mayor _____

una persona que no trabaja _____

B Escucha a dos vecinas. ¿De quién están hablando? ¿Qué dicen?

HABLAN DE...   DICEN QUE ES / SON...

1. _____   _____

2. _____   _____

3. _____   _____

4. _____   _____

5. _____   _____

6. _____   _____

gente con gente

5 **Personas y cosas famosas**

¿Qué tal tu memoria? En equipos de dos o tres compañeros, vamos a completar esta lista. A ver qué equipo termina antes.

una actriz norteamericana	un político europeo
un plato chino	un futbolista brasileño
una marca italiana	un personaje histórico español
un grupo musical inglés	un escritor latinoamericano
una película española	un producto típico francés

● Un grupo inglés...
○ U2.
● ¿Son ingleses?
■ No, yo creo que son irlandeses...

Ahora, en parejas, podéis preparar preguntas sobre tres temas más.

6 **Alemán, alemana...**

Aquí tienes los nombres de algunos países en español. Encuentra, abajo, los adjetivos de nacionalidad correspondientes. Luego, con un compañero, intenta clasificar los adjetivos según sus terminaciones.

Alemania	**Brasil**	**Grecia**	**Italia**
Francia	**Luxemburgo**	**Holanda**	**Marruecos**
Austria	**Canadá**	**Inglaterra**	**Portugal**
Bélgica	**España**	**Irlanda**	

inglés	canadiense	luxemburgués
inglesa	canadiense	luxemburguesa
irlandés	holandés	griego
irlandesa	holandesa	griega
italiano	alemán	brasileño
italiana	alemana	brasileña
portugués	austriaco	
portuguesa	austriaca	
español	belga	
española	belga	
francés	marroquí	
francesa	marroquí	

¿Sabes ya el nombre de tu país y de sus habitantes? Si no, pregúntaselo a tu profesor. Pregúntale también por tu ciudad, a lo mejor tiene un nombre en español.

● ¿Cómo es München en español?
○ Múnich.

Después, pregúntale a tu compañero de qué ciudad es.

● ¿De dónde eres?
○ De Río de Janeiro.

EL PRESENTE

	TRABAJAR
(yo)	trabajo
(tú)	trabajas
(él, ella, usted)	trabaja
(nosotros, nosotras)	trabajamos
(vosotros, vosotras)	trabajáis
(ellos, ellas, ustedes)	trabajan

	LEER	ESCRIBIR
(yo)	leo	escribo
(tú)	lees	scribes
(él, ella, usted)	lee	escribe
(nosotros, nosotras)	leemos	escribimos
(vosotros, vosotras)	leéis	escribís
(ellos, ellas, ustedes)	leen	escriben

EL NOMBRE

		LLAMARSE
(yo)	me	llamo
(tú)	te	llamas
(él, ella, usted)	se	llama
(nosotros, nosotras)	nos	llamamos
(vosotros, vosotras)	os	llamáis
(ellos, ellas, ustedes)	se	llaman

ADJETIVOS

	masculino	femenino
o/a	simpático	simpática
conso-nante/a	trabajador / alemán / francés	trabajadora / alemana / francesa
e **a** **ista** **otros**	interesante / belga / pesimista / feliz	

Es **muy** amable.
Es **bastante** inteligente.
Es **un poco** antipática.
No es **nada** sociable.

Un poco: solo para cosas negativas: *un poco guapa

	singular	plural
vocal	simpático inteligente trabajadora	simpáticos inteligentes trabajadoras
consonante	difícil trabajador	difíciles trabajadores

LA EDAD

- ● ¿Cuántos años tiene (usted)?
  ¿Cuántos años tienes?
- ○ Treinta.
  Tengo treinta años.
  *Soy treinta.

DEL 20 AL 100

- 20 veinte,
  veintiuno, veintidós, veintitrés,
  veinticuatro, veinticinco,
  veintiséis, veintisiete,
  veintiocho, veintinueve
- 30 treinta,
  treinta y uno
- 40 cuarenta,
  cuarenta y dos
- 50 cincuenta,
  cincuenta y tres
- 60 sesenta
- 70 setenta
- 80 ochenta
- 90 noventa
- 100 cien

EL ESTADO CIVIL

Soy
Estoy {
soltero/a.
casado/a.
viudo/a.
divorciado/a.

LA PROFESIÓN

- ● ¿A qué se dedica (usted)?
  ¿A qué te dedicas?
- ○ **Trabajo en** un banco.
  Estudio en la Universidad.
  Soy camarero.

RELACIONES FAMILIARES

mi padre
mi madre ● **mis padres**

tu hermano
tu hermana ● **tus hermanos**

su hijo
su hija ● **sus hijos**

En muchos países
latinoamericanos se dice:
mi mamá, mi papá y **mis papás.**

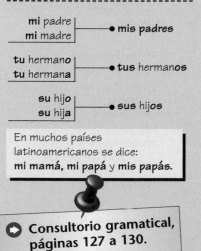

● **Consultorio gramatical,**
páginas 127 a 130.

---

7 **El árbol genealógico de Paula**

Paula está hablando de su familia: escúchala y completa su árbol genealógico.

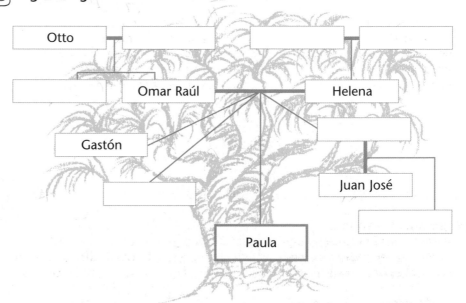

Otto

Omar Raúl   Helena

Gastón

Juan José

Paula

Compara tus resultados con los de un compañero. Después, haz preguntas a tu compañero para construir su árbol.

- ● ¿Tienes hermanos?
- ○ Sí, una hermana.

8 **Los verbos en español: -ar, -er, -ir**
¿Haces algunas de estas cosas? Señálalo con flechas.

-AR {
juego
hablo
cocino
toco
bailo

-ER {
leo
soy
como
tengo

-IR {
escribo
vivo
recibo

_____ música
_____ un animal en casa
_____ la guitarra
_____ poesía
_____ francés
_____ periódicos
_____ correos electrónicos
_____ en restaurantes

_____ el tango
_____ al fútbol
_____ al tenis
_____ cariñoso
_____ mucho
_____ soltero
_____ solo
_____ platos españoles

Ahora hazle algunas preguntas a un compañero y toma notas. Luego vas a informar al resto de la clase de sus tres respuestas más interesantes.

- ● ¿Juegas al fútbol?
- ○ No.
- ● ¿Tienes un animal en casa?
- ○ Sí, un gato.

- ● Eva no juega al fútbol, lee mucho y tiene un gato.

gente con gente

❾ Un crucero por el Mediterráneo

Todas estas personas van a hacer un crucero por las Islas Baleares. ¿Puedes reconocer en la imagen a los pasajeros de la lista? Escribe su número en las etiquetas.

1. SR. LÓPEZ MARÍN
Biólogo jubilado.
67 años.
Solo habla español.
Colecciona mariposas.

2. SRA. LÓPEZ MARÍN
Jubilada.
65 años.
Habla español y francés.
Muy aficionada al fútbol.

3. MARINA TOLEDO
51 años.
Profesora de música.
Habla español e inglés.
Soltera.

4. MANUEL GÁLVEZ
Profesor de gimnasia.
50 años.
Separado.
Habla español y francés.
Colecciona mariposas.

5. KEIKO TANAKA
Arquitecta.
35 años.
Habla japonés y un poco de inglés.
Casada.

6. AKIRA TANAKA
Pintor.
40 años.
Habla japonés y un poco de español.

7. IKUKO TANAKA
6 años.
Habla japonés.

8. CELIA OJEDA
Chilena.
Arquitecta.
32 años.
Habla español y un poco de inglés.

9. BLAS RODRIGO
Chileno.
Trabaja en una empresa de informática.
20 años.
Habla español, inglés y un poco de alemán.
Muy aficionado al fútbol.

10. BERND MÜLLER
Suizo.
Pianista.
35 años.
Soltero.
Habla alemán,
italiano y un poco de
francés.

11. NICOLETTA TOMBA
Italiana.
Estudia informática.
26 años.
Soltera.
Habla italiano, francés
y un poco de inglés.

12. VALENTÍN PONCE
Funcionario.
43 años.
Casado.
Solo habla español.
Muy aficionado al
fútbol.

**13. ELISENDA GARCÍA
DE PONCE**
Ama de casa.
41 años.
Casada.
Solo habla español.

14. JAVI PONCE GARCÍA
8 años.

15. SILVIA PONCE GARCÍA
Estudia Biología.
18 años.
Habla español,
inglés y un poco
de italiano.

Compara tus resultados con los de tu compañero. ¿Lo habéis hecho igual?

10 Dónde se puede sentar tu compañero

Imagina que tu compañero también viaja en este crucero. ¿Con qué personas crees que puede sentarse en las comidas? Las mesas son de cinco o seis personas.

Primero, completa una ficha con sus datos (edad, nacionalidad, profesión, aficiones, idiomas, etc.). Luego, escucha a algunos empleados del barco para tener más información sobre los pasajeros.

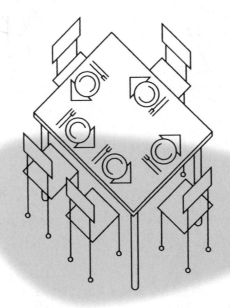

_____

_____

_____

_____

_____

OS SERÁ ÚTIL

Beate puede sentarse con el
señor Ponce y la señora...

Bernd Müller **al lado** de Beate
porque...

...tienen { la **misma** edad.
la **misma** profesión.
el **mismo** hobby.

...**los dos** hablan francés.

Beate habla francés **y** Nicoletta
Tomba **también.**

Ahora explica a toda la clase dónde se puede sentar tu compañero. ¿Está él o ella de acuerdo?

 • Beate se puede sentar con...

¿DE DÓNDE ES USTED?

Dos españoles se conocen en una fiesta, o en un tren, o en la playa, o en un bar... **¿De dónde es usted?** o **¿De dónde eres?** son, casi siempre, las primeras preguntas. Luego, lo explican con muchos detalles. Por ejemplo: "Yo soy aragonés, pero vivo en Cataluña desde el 76... Mis padres son de Teruel y bla, bla, bla."

Y es que cada región española es muy diferente: la historia, las tradiciones, la lengua, la economía, el paisaje, las maneras de vivir, incluso el aspecto físico de las personas.

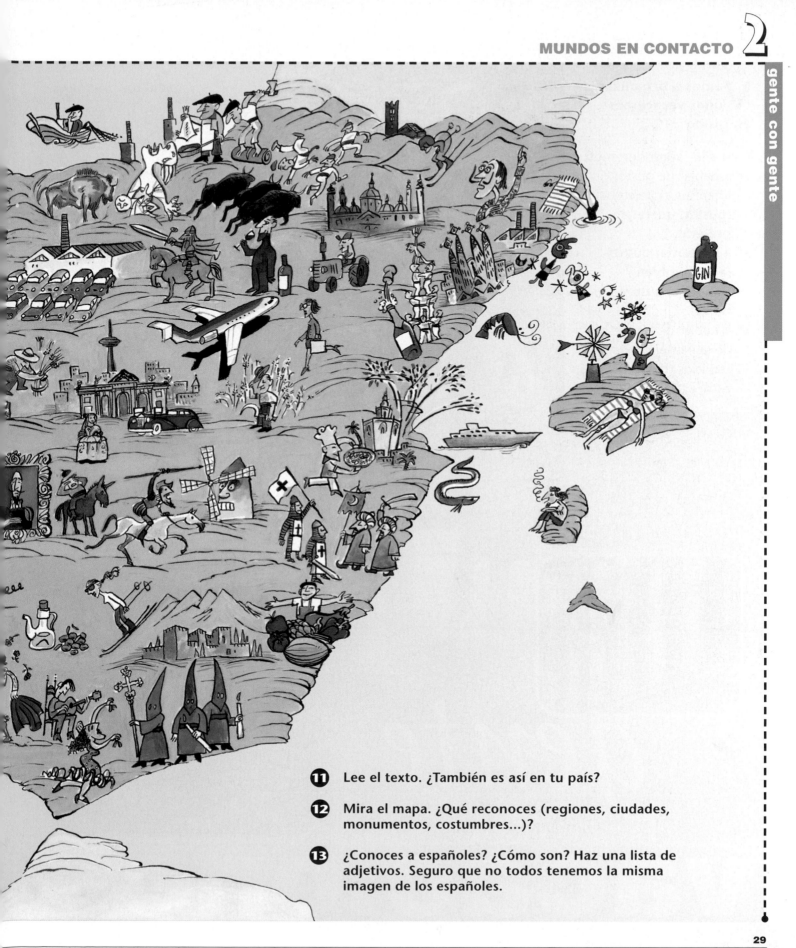

11 Lee el texto. ¿También es así en tu país?

12 Mira el mapa. ¿Qué reconoces (regiones, ciudades, monumentos, costumbres...)?

13 ¿Conoces a españoles? ¿Cómo son? Haz una lista de adjetivos. Seguro que no todos tenemos la misma imagen de los españoles.

Vamos a organizar unas vacaciones en grupo.

Para ello, aprenderemos:
✔ a hablar de gustos, intereses y preferencias (**gustar, querer, preferir...**),
✔ a contrastar gustos (**a mí también / tampoco; a mí sí / no...**),
✔ a hablar de lugares y de la existencia de servicios (**hay, está/están**).

gente
de
vacaciones

1 **En un sorteo has ganado un viaje: ¿Madrid o Barcelona?**
Con un compañero, trata de relacionar las fotos con los lugares y con las actividades que aparecen en los anuncios.

● Esto es la Sagrada Familia.
○ Exacto. Y esto, la Costa Brava, ¿no?

Querido cliente:

¡Enhorabuena! Ha ganado usted uno de los viajes que sortea...

MADRID

Visita guiada en autocar.

Visita al Museo del Prado o al Museo Reina Sofía (Guernica de Picasso).

Excursión a Toledo o al Monasterio de El Escorial.

Paseo por la Plaza Mayor o por el Parque del Retiro.

BARCELONA

Visita guiada en autocar.

Excursión a la Costa Brava o a Port Aventura.

Visita a la Fundación Miró o a la Sagrada Familia.

Concierto en el Palau de la Música o partido de fútbol en el Camp Nou.

¿Qué ciudad prefieres visitar? ¿Madrid o Barcelona?

2 **Tus intereses**
Escribe los tres lugares o las tres actividades que más te interesan de la ciudad elegida.

Las cosas que me interesan más son _____ , _____ y _____ .

Habla con tus compañeros. Utiliza estas expresiones:

● Yo quiero visitar _____ . Me interesa especialmente _____ , _____ y _____ .

gente de vacaciones

3 **Un test sobre tus vacaciones**
Muchas revistas publican tests para saber cómo somos y cuáles son nuestros hábitos. Aquí tienes uno sobre las vacaciones.

Actividades

A Rellena este test con tus gustos y preferencias. Después, informa a la clase. Entre todos te darán ideas para tus próximas vacaciones.

- Me gusta viajar con mi familia, en verano. Me gusta la playa...
- ¡Ah! Pues en tus próximas vacaciones puedes ir a Mallorca...

¿CON QUIÉN TE GUSTA VIAJAR?	¿CUÁNDO TE GUSTA IR DE VACACIONES?	TUS INTERESES	¿EN TREN, EN AVIÓN...?
❏ Prefiero viajar solo.	❏ En primavera.	❏ Me interesan las grandes ciudades y el arte.	❏ Me gusta ver el paisaje: prefiero la bicicleta.
❏ Me gusta viajar con mi pareja.	❏ En verano.	❏ Me interesan las culturas diferentes.	❏ Me gusta viajar en avión: es lo más rápido.
❏ Prefiero viajar con mi familia.	❏ En otoño.	❏ Me gusta la aventura.	❏ No me gustan los aviones, prefiero el tren.
❏ Me gusta viajar con mis amigos.	❏ En invierno.	❏ Me gusta la playa.	❏ Me gusta viajar en coche.

4 **Las vacaciones de David, de Edu y de Manuel**

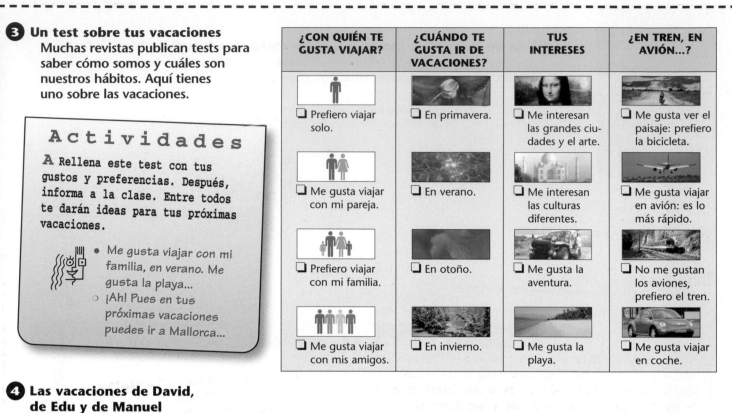

David

Edu

Manuel

Actividades

A Mira las fotos de David, de Edu y de Manuel. Aquí tienes tres frases que resumen su idea de unas vacaciones. ¿A cuál de ellos crees que corresponde cada frase?

Viajes a países lejanos: _____.
Vacaciones tranquilas con la familia: _____.
Contacto con la naturaleza: _____.

B Ahora escucha a los tres hablando de sus vacaciones. ¿Qué otras cosas puedes decir? Completa el cuadro que tienes a tu derecha.

	estación del año	país/es	actividades	transporte
David				
Edu				
Manuel				

5 Se busca compañero de viaje

Estás preparando tus vacaciones y has encontrado estos tres anuncios. Son tres viajes muy diferentes.

¿Eres aventurero/a?

¿Te interesa Latinoamérica?

Tenemos 2 plazas libres para un viaje a Nicaragua y Guatemala.

AVIÓN + TODO TERRENO

Interesados, llamar al 945 326 195

¿Te interesan

la historia, la cultura, las costumbres de otros pueblos?

Plazas libres en viaje organizado a Andalucía.
Avión ida y vuelta a Sevilla.
Viaje en autocar a Granada y a Córdoba.
Visitas con guía a todos los monumentos.
Muy buen precio.
Entre y pida información.

Actividades

A **¿Te interesa alguno de estos anuncios?**
Vas a hablar con tu compañero. Pero antes tienes que prepararte. Elige alguna de estas frases para poder expresar tus preferencias y explicar los motivos de tu elección.

PREFERENCIAS:
A mí me interesa...
- el viaje a Latinoamérica.
- el apartamento en Tenerife.
- el viaje a Andalucía.

MOTIVOS:
Me gusta...
- la aventura.
- conocer otras culturas.
- otros: _____.
Me gustan...
- los viajes organizados.
- las vacaciones tranquilas.
- otros: _____.
Quiero...
- visitar Latinoamérica.
- conocer Andalucía.
- otros: _____.

B **Ahora puedes hablar con tus compañeros:**
● A mí me interesa el apartamento en Tenerife. Me gustan las vacaciones tranquilas.
○ Pues a mí me interesa el viaje a Latinoamérica, porque quiero conocer Nicaragua.

SOL, MAR Y TRANQUILIDAD

Ocasión: apartamento muy barato en Tenerife.
1-15 de agosto.
Para 5 personas.
Muy cerca de la playa.
Viajes Solimar.
Tlf. 944 197 654

6 Benisol.com

En la costa mediterránea española puedes encontrar lugares como Benisol, un pueblo imaginario. Lee el texto de esta web y decide si te gusta Benisol.

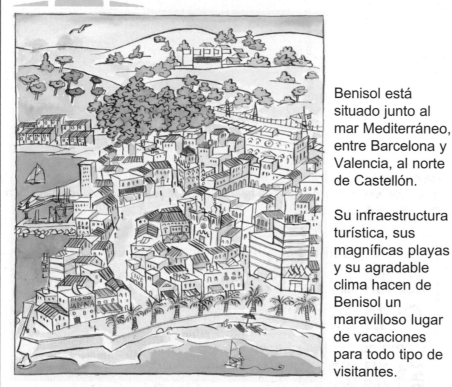

Benisol Un pequeño paraíso

Benisol está situado junto al mar Mediterráneo, entre Barcelona y Valencia, al norte de Castellón.

Su infraestructura turística, sus magníficas playas y su agradable clima hacen de Benisol un maravilloso lugar de vacaciones para todo tipo de visitantes.

LUGARES DE INTERÉS

- El centro antiguo: interesantes edificios del siglo XIX y principios del XX, calles estrechas y pequeñas plazas (plaza de San José y la plazuela del Mercado) que conservan todo el encanto de los pueblos mediterráneos.
- La iglesia barroca de Santa María (plaza Mayor).
- El Museo de la Naranja.
- Las playas de La Florida, del Borret y de la Atzavara: playas de arena blanca y suave con numerosos servicios e instalaciones para practicar deportes náuticos.
- El paseo Marítimo.

ALOJAMIENTO

Hotel La Florida ★ ★ ★ ★
Hotel Valencia ★ ★ ★
Hotel Azahar ★ ★ ★
Hotel Las Peñas ★ ★
Pensión Vicentica
Hostal Las Adelfas
Cámping Mediterráneo

ALREDEDORES Y EXCURSIONES

A 2 km: paraje natural del desierto de las Palmas para practicar el senderismo y conocer la flora y fauna mediterráneas.
A 56 km de la costa: islas Columbretes, pequeño archipiélago de gran interés ecológico.
A 9 km: termas marinas de Benicasim. Centro de Talasoterapia.
A 6 km de Benisol: parque acuático Aquarama, 45 000 m² de atracciones acuáticas.

CÓMO LLEGAR

- Autopista A-7. Salida 45.
- Aeropuerto de Manises, (Valencia). A 80 km.
- Estación de RENFE. Trenes directos a las principales ciudades españolas.

QUÉ HAY Y DÓNDE ESTÁ

En el pueblo **hay** una *discoteca*.

La discoteca **está** en el paseo Marítimo.

La iglesia y el ayuntamiento **están** en el centro.

	ESTAR
(yo)	estoy
(tú)	estás
(él, ella, usted)	está
(nosotros, nosotras)	estamos
(vosotros, vosotras)	estáis
(ellos, ellas, ustedes)	están

QUÉ TIENE

El hotel **tiene** piscina, sauna y gimnasio.

HAY

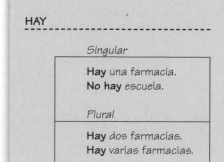

Singular

Hay una farmacia.
No hay escuela.

Plural

Hay dos farmacias.
Hay varias farmacias.

Y, NI, TAMBIÉN, TAMPOCO

En el pueblo **hay** un cámping **y** cuatro hoteles. **También hay** un casino.

En el pueblo **no hay** cine **ni** teatro. **Tampoco hay** farmacia.

YO/A MÍ: DOS CLASES DE VERBOS

	QUERER
(yo)	quiero
(tú)	quieres
(él, ella, usted)	quiere
(nosotros, nosotras)	queremos
(vosotros, vosotras)	queréis
(ellos, ellas, ustedes)	quieren

	GUSTAR
(a mí)	me gusta
(a ti)	te gusta
(a él, ella, usted)	le gusta
(a nosotros, nosotras)	nos gusta
(a vosotros, vosotras)	os gusta
(a ellos, ellas, ustedes)	les gusta

Me gusta { viajar en tren. / este pueblo.

Me **gustan** los pueblos pequeños.

¿Os interesa este viaje?

A mí no mucho.

Pues a mí muchísimo.

➡ **Consultorio gramatical,
páginas 131 a 132.**

Fíjate bien en las informaciones que da la web. Con un compañero, intenta encontrar en el dibujo el máximo de cosas que reconozcas.

● Esto es el paseo Marítimo, ¿no?
○ Sí, creo que sí.

Luego, formad frases a partir de la información del texto y de la imagen. Gana el equipo que forme antes 10 frases con las estructuras siguientes.

En Benisol hay _____ , _____ y _____ .
Cerca de Benisol hay _____ , _____ y
_____ .
_____ está en _____ .
_____ está cerca de _____
_____ está a _____ km de _____ .

● En Benisol hay un hotel de cuatro estrellas.
○ El cámping Mediterráneo está cerca del pueblo.

❼ Dos cámpings
¿Cuál de estos dos cámpings te gusta más? ¿Por qué? Coméntalo con dos compañeros.

Cámping Caleta

Cámping Delfín

Peluquería
Bar
Minigolf
Tenis
Piscina
Farmacia
Lavandería

Playa
Sauna
Discoteca
Restaurante
Gimnasio
Guardería
Cajero automático

● El cámping Caleta me gusta más porque tiene discoteca y gimnasio.
○ Pues a mí el Delfín porque...

❽ Un lugar que me gusta mucho
Piensa en un lugar donde has estado de vacaciones y que te gusta. Prepara individualmente una pequeña presentación para tus compañeros: dónde está, qué cosas interesantes hay en ese lugar o cerca de él, por qué te gusta, etc.

● Llanes es un pueblo muy bonito que está en Asturias.
○ Perdona, ¿dónde está?
● En Asturias, en el norte de España. Tiene playas muy bonitas. Me gusta porque es un pueblo tranquilo; hay restaurantes muy buenos y los Picos de Europa están cerca...

9 Vacaciones en grupo

Marca tus preferencias entre las siguientes posibilidades.

Viaje:
- ☐ en coche particular
- ☐ en tren
- ☐ en avión
- ☐ en autobús

Alojamiento:
- ☐ hotel o apartamento
- ☐ cámping
- ☐ hostal
- ☐ albergue de juventud
- ☐ casa alquilada

Lugar:
- ☐ playa
- ☐ montaña
- ☐ campo
- ☐ ciudad

Intereses:
- ☐ naturaleza
- ☐ deportes
- ☐ monumentos
- ☐ museos y cultura

Formula tus preferencias.

● A mí me interesan los museos y la cultura. Por eso quiero ir a visitar una ciudad. Prefiero ir en coche particular y alojarme en un hotel.

Escucha lo que dicen tus compañeros. Anota los nombres de los que tienen las preferencias más parecidas a las tuyas.

10 Morillo de Tou o Yucatán

En primer lugar, formáis grupos según los resultados del ejercicio anterior. Para vuestras vacaciones en grupo podéis elegir una de estas dos opciones. Leed los anuncios.

CENTRO DE VACACIONES

Morillo de Tou (España)

Pueblo del siglo XVIII, abandonado en los años 60 y rehabilitado por el sindicato CC. OO. de Aragón.

A 4 km, la ciudad de Aínsa, conjunto histórico-artístico: castillo, murallas, iglesia del siglo XII.

A 50 km, el Parque Nacional de Ordesa: deportes de montaña y esquí.

Instalaciones
centro social, en la antigua iglesia del pueblo (gótico cisterciense, restaurada), bar-restaurante, piscina, 4 posibilidades de alojamiento: cámping con caravanas, albergues-residencia, casas de pueblo rehabilitadas como alojamiento y hostal.

★ GenteTour

http://www.gentetour.es

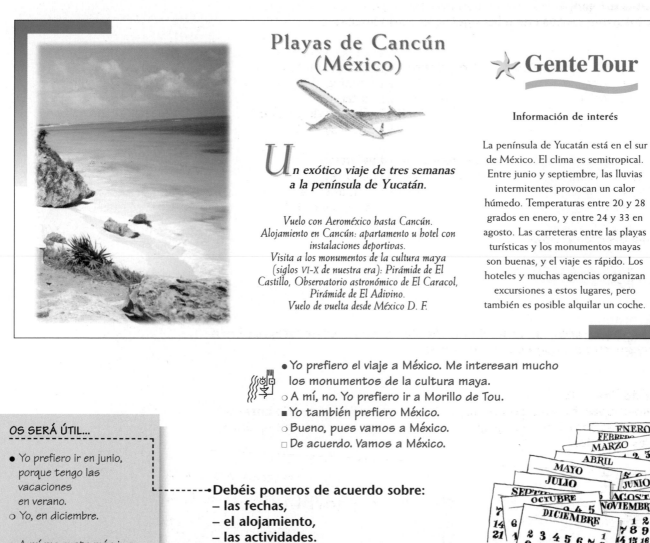

Playas de Cancún (México)

★ **GenteTour**

http://www.gentetour.es

Un exótico viaje de tres semanas a la península de Yucatán.

*Vuelo con Aeroméxico hasta Cancún.
Alojamiento en Cancún: apartamento u hotel con instalaciones deportivas.
Visita a los monumentos de la cultura maya (siglos VI-X de nuestra era): Pirámide de El Castillo, Observatorio astronómico de El Caracol, Pirámide de El Adivino.
Vuelo de vuelta desde México D. F.*

Información de interés

La península de Yucatán está en el sur de México. El clima es semitropical. Entre junio y septiembre, las lluvias intermitentes provocan un calor húmedo. Temperaturas entre 20 y 28 grados en enero, y entre 24 y 33 en agosto. Las carreteras entre las playas turísticas y los monumentos mayas son buenas, y el viaje es rápido. Los hoteles y muchas agencias organizan excursiones a estos lugares, pero también es posible alquilar un coche.

● Yo prefiero el viaje a México. Me interesan mucho los monumentos de la cultura maya.
○ A mí, no. Yo prefiero ir a Morillo de Tou.
■ Yo también prefiero México.
○ Bueno, pues vamos a México.
□ De acuerdo. Vamos a México.

OS SERÁ ÚTIL...

● Yo prefiero ir en junio, porque tengo las vacaciones en verano.
○ Yo, en diciembre.

● A mí me gusta más ir a un cámping.
○ Yo prefiero un hotel.

● Yo quiero { practicar deportes de montaña.
alquilar un coche y hacer una excursión.

PREFERIR: E/IE

(yo)	prefiero
(tú)	prefieres
(él, ella, usted)	prefiere
(nosotros, nosotras)	preferimos
(vosotros, vosotras)	preferís
(ellos, ellas, ustedes)	prefieren

Preferir como **querer** son irregulares: **e/ie**.

Debéis poneros de acuerdo sobre:
– las fechas,
– el alojamiento,
– las actividades.

11 El plan de cada grupo
Cada grupo explica a la clase la opción que ha elegido y las razones de su elección. Podéis usar este cuadro para preparar vuestra explicación.

Nuestro plan es	ir a _____
	salir el día _____ y regresar el día _____ .
Queremos	alojarnos en _____
	pasar un día / x días en _____ .
Preferimos	visitar / estar en _____ .
... porque	a _____ le gusta / interesa mucho visitar _____
	nos gusta / interesa _____
	_____ .

12 Una agencia de publicidad ha elaborado este anuncio. Escúchalo y léelo.

Ven a conocer
CASTILLA Y LEÓN

Sus ciudades, llenas de historia y de arte: Ávila y sus murallas, Salamanca y su universidad, Segovia y su acueducto; León, Burgos: sus catedrales góticas.

Ven a pasear por sus calles y a visitar sus museos. El campo castellano: la Ruta del Duero, el Camino de Santiago. Sus castillos: Peñafiel, La Mota. Sus monasterios: Silos, Las Huelgas. Pueblos para vivir y para descansar. Castilla y su gente: ven a conocernos.

⭐ **Gente Tour**

¿Por qué no elaboráis en grupos anuncios parecidos a este sobre vuestras ciudades o regiones? Escribid el texto y el eslogan, y pensad qué imágenes podéis utilizar. Luego, elegid el que más os guste.

13 Uno de vosotros elige un nombre que figure en el mapa y pregunta dónde está. Si alguien lo sabe, gana un punto. Al final gana quien más puntos ha obtenido. Si los compañeros no lo encuentran, da pistas como:

Es un río.	Está al norte.	Está cerca de...
un lago.	al sur.	lejos de...
una ciudad.	al este.	
una montaña.	al oeste.	
una isla.	en el centro.	

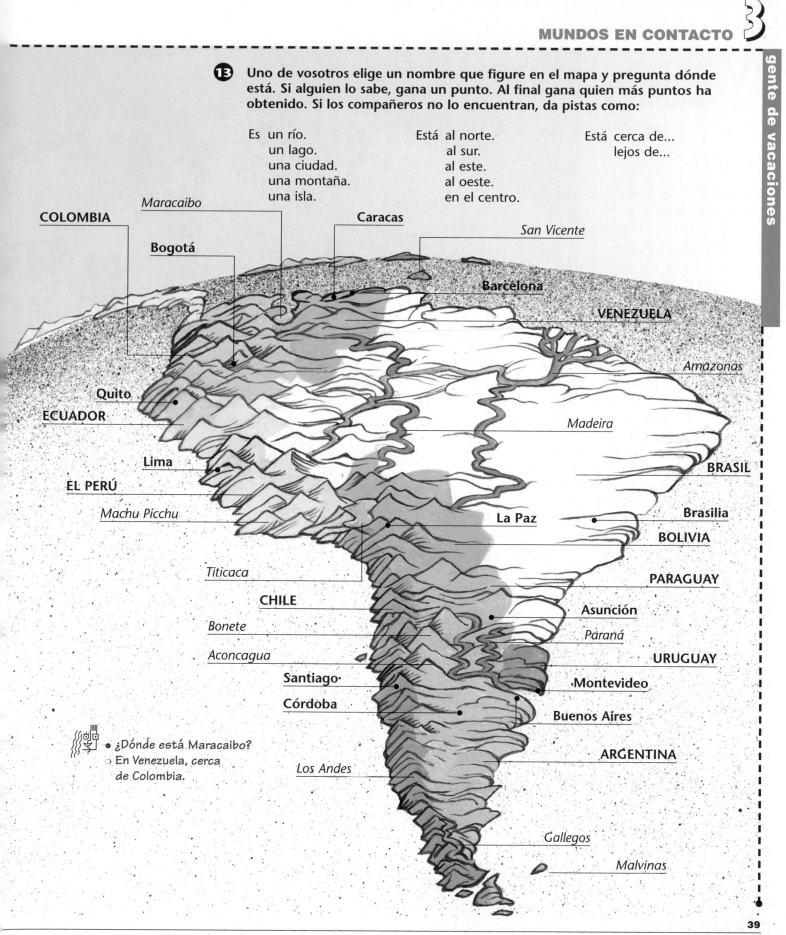

COLOMBIA
Maracaibo
Bogotá
Caracas
San Vicente
Barcelona
VENEZUELA
Quito
ECUADOR
Amazonas
Madeira
Lima
EL PERÚ
BRASIL
Machu Picchu
La Paz
Brasilia
BOLIVIA
Titicaca
PARAGUAY
CHILE
Bonete
Asunción
Paraná
Aconcagua
URUGUAY
Santiago
Montevideo
Córdoba
Buenos Aires
ARGENTINA
Los Andes
Gallegos
Malvinas

● ¿Dónde está Maracaibo?
○ En Venezuela, cerca de Colombia.

4

Vamos a buscar
regalos adecuados
para algunas personas.

Para ello, aprenderemos:

✔ a describir y a
  valorar objetos,
✔ a ir de compras,
✔ a preguntar y a
  decir precios,
✔ los números a partir
  de 100,
✔ a expresar
  necesidad u
  obligación,
✔ los usos de **un/uno**
  y **una**,
✔ los pronombres de
  OD y OI.

gente de
compras

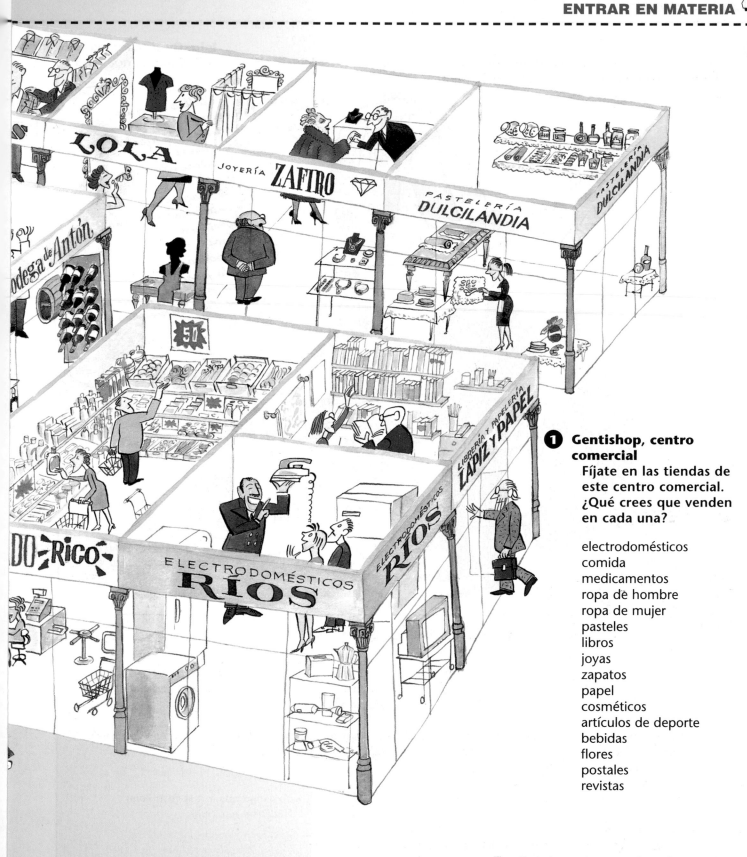

1 **Gentishop, centro comercial**

Fíjate en las tiendas de este centro comercial. ¿Qué crees que venden en cada una?

electrodomésticos
comida
medicamentos
ropa de hombre
ropa de mujer
pasteles
libros
joyas
zapatos
papel
cosméticos
artículos de deporte
bebidas
flores
postales
revistas

● En Lola venden ropa de mujer.
○ Y en La orquídea, flores.

gente de compras

4 ¿Cuánto cuesta?

El profesor va a leer algunos de estos precios. Trata de identificarlos y señálalos con una cruz.

- ☐ 58 yenes
- ☐ 1400 reales
- ☐ 37 630 libras
- ☐ 14 624 rupias

- ☐ 100 euros
- ☐ 4246 sucres
- ☐ 70 euros
- ☐ 211 coronas

- ☐ 200 pesos
- ☐ 892 coronas
- ☐ 5709 bolívares
- ☐ 14 000 euros

- ☐ 30 706 libras
- ☐ 28 dólares
- ☐ 205 yenes
- ☐ 950 dólares

5 Cien mil millones

Fíjate en esta serie del 3. En parejas, escribid una serie con otro número. Después, leedla. El resto de la clase la escribe.

3	tres
33	treinta **y** tres
333	tres**cientos** treinta **y** tres
3333	tres **mil** tres**cientos** treinta **y** tres
33 333	treinta **y** tres **mil** tres**cientos** treinta **y** tres
333 333	tres**cientos** treinta **y** tres **mil** tres**cientos** treinta **y** tres
3 333 333	tres **millones** tres**cientos** treinta **y** tres **mil** tres**cientos** treinta **y** tres

6 ¿Estas?

Mira estas gorras. En parejas, decidid para qué compañero de clase os parecen más adecuadas. Elegid también una para el profesor.
Después, informad a la clase de vuestras decisiones.

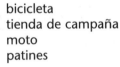

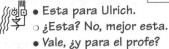
- ● Esta para Ulrich.
- ○ ¿Esta? No, mejor esta.
- ● Vale, ¿y para el profe?

7 ¿Tienes ordenador?

Arturo es el típico "consumista". Le gusta mucho comprar y tiene todas estas cosas. ¿Y tú? Señala cuáles de estas cosas no tienes.

ordenador
lavavajillas
cámara de vídeo
DVD

bicicleta
tienda de campaña
moto
patines

microondas
esquís
lavadora
teléfono móvil

¿Necesitas alguna de estas cosas? Coméntalo con tus compañeros.

- ● Yo no **tengo** ordenador pero quiero comprarme uno.
- ○ Yo sí **tengo** ordenador.

TENER

(yo)	**tengo**
(tú)	**tienes**
(él, ella, usted)	**tiene**
(nosotros, nosotras)	**tenemos**
(vosotros, vosotras)	**tenéis**
(ellos, ellas, ustedes)	**tienen**

- ● ¿Tienes un coche?
- ● ¿Tienes coche?
- ○ Sí, tengo **un** Seat Toledo.

¿Tienes bici?

No, no tengo.

DEMOSTRATIVOS

Mencionamos el nombre del objeto:

este jersey
esta cámara
estos discos
estas camisetas

Señalamos con referencia a su nombre:

este
esta
estos
estas

Señalamos sin referencia a su nombre:

esto

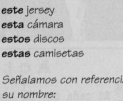

Me gustan estos pantalones.

¿Estos?

NECESIDAD U OBLIGACIÓN

TENER	QUE	Infinitivo
Tengo		ir de compras.
Tienes	que	llevar corbata.
Tiene		trabajar.
...		

A PARTIR DE 100

100 -	cien
101 -	cien**to** uno/a
200 -	doscientos/as
300 -	trescientos/as
400 -	cuatrocientos/as
500 -	quinientos/as
600 -	seiscientos/as
700 -	se**te**cientos/as
800 -	ochocientos/as
900 -	**nove**cientos/as
1000 -	mil

MONEDAS Y PRECIOS

un dólar	**una** libra
un euro	**una** corona

● ¿Cuánto **cuesta** esta camisa?
  ¿Cuánto **cuestan** estos zapatos?
○ Doscient**os** euros.
  Doscient**as** libras.

COLORES

masc. s.	fem. s.	masc. pl.	fem. pl.
blanco	-a	-os	-as
amarill**o**	-a	-os	-as
rojo	-a	-os	-as
negr**o**	-a	-os	-as
verde			-s
azul			-es
gris			-es
rosa			
naranja			
beige			

UN/UNA/UNO

● Quiero
  { **un** libro.
  una cámara.
  unos esquís.
  unas botas.

Ya sabemos a qué nombre
nos referimos:

○ Yo también quiero
  { **uno**.
  una.
  unos.
  unas.

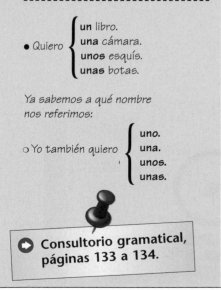

➡ **Consultorio gramatical,
páginas 133 a 134.**

---

8 **Ropa adecuada**
Estas personas van a diferentes sitios. ¿Qué crees que tienen que
ponerse? Prepáralo y luego discútelo con tus compañeros.

MARÍA
Va a una
reunión de
trabajo.

PABLO
Va a una
discoteca.

JUAN
Va a casa de
unos amigos
en el campo.

ELISA
Va a un
restaurante
elegante.

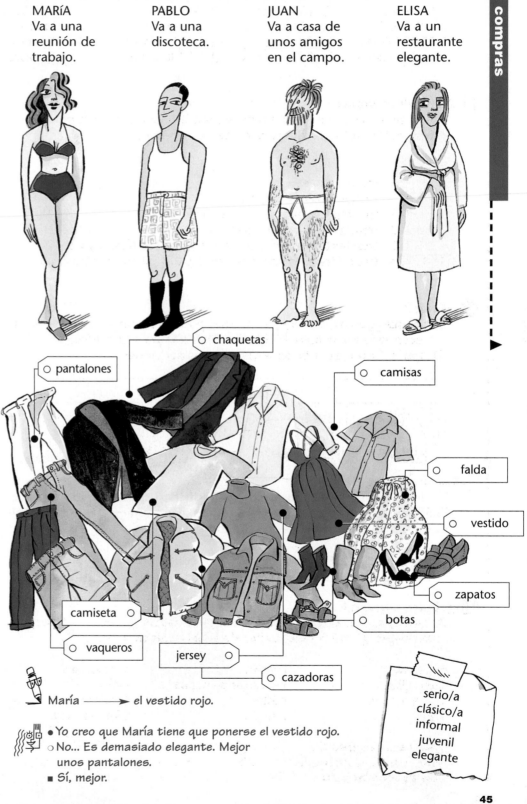

○ chaquetas
○ pantalones
○ camisas
○ falda
○ vestido
○ zapatos
camiseta ○
○ botas
○ vaqueros
jersey ○
○ cazadoras

serio/a
clásico/a
informal
juvenil
elegante

María ⟶ el vestido rojo.

● Yo creo que María tiene que ponerse el vestido rojo.
○ No... Es demasiado elegante. Mejor
  unos pantalones.
■ Sí, mejor.

9 Una fiesta

Vamos a imaginar que nuestra clase organiza una fiesta.
Decidid en pequeños grupos qué necesitáis (qué hay que comprar, qué
tenéis que traer), cuánto queréis gastar y quién se encarga de cada cosa.

Necesitamos	¿Quién se encarga? lo/la/los/las compra / trae / hace...	¿Cuánto queremos gastar?
discos ⟶ los trae Martha		

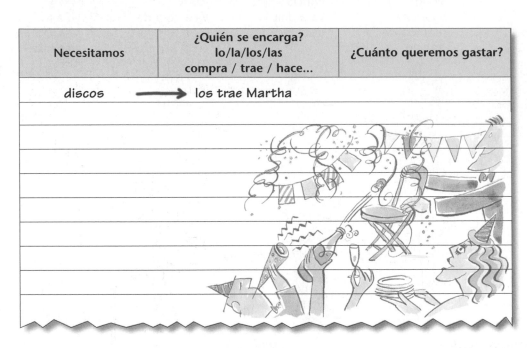

- Tenemos que traer música, claro.
- Yo tengo muchos discos de música para bailar, puedo traerlos.
- Muy bien, Martha trae los discos.
- ¿Y las bebidas?
- Puedo comprarlas yo....

10 Premios para elegir

En un sorteo de la galería comercial Gentishop te han tocado tres premios.
Puedes elegir cosas para ti o para un familiar o amigo. ¿Qué eliges? ¿Para
quién? ¿Por qué? Explícaselo a tus compañeros.

- Yo, el sofá, la tele y el teléfono móvil. El teléfono móvil, para mi mujer porque necesita uno...

11 ¿Qué le regalamos?

Estos amigos buscan un regalo para alguien. Haz una lista con las cosas que proponen en cada conversación. ¿Qué crees que deciden comprar?

A
_____
_____
_____
_____
_____

B
_____
_____
_____
_____
_____

12 Felicidades

En parejas, tenéis que elegir regalos de cumpleaños para dos compañeros de clase. Preparad primero tres preguntas para obtener información sobre sus gustos, sus necesidades, sus hábitos, etc.

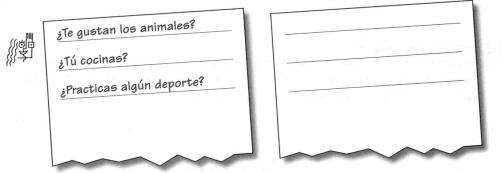

¿Te gustan los animales? _____
¿Tú cocinas? _____
¿Practicas algún deporte? _____

_____
_____
_____

OS SERÁ ÚTIL...

Yo quiero esto para   mí...
    mi mujer...
    mi novio...
    ...

...porque { necesito **uno/una.**
necesita **uno/una.**
me gusta mucho.
le gusta mucho.

Haced las preguntas a esos dos compañeros y después decidid qué regalos les vais a hacer.

Nosotros le queremos comprar ___un gato___ a ___Andrea___
porque ___le gustan mucho los animales.___
Queremos gastar unos/unas ___200 euros.___

13 De compras

En grupos, representaremos una escena de compras de nuestros regalos. Antes, cada grupo tiene que prepararse.

FELIZ NAVIDAD

Cada país, cada cultura, tiene costumbres propias respecto a los regalos. En España, por ejemplo, los regalos de Navidad los traen los tres Reyes Magos: Melchor, Gaspar y Baltasar vienen de Oriente en sus camellos y llegan a todos los pueblos y ciudades españolas la noche del día 5 de enero. Antes los niños les escriben cartas y les piden lo que quieren.

En los últimos años, en la noche del 24 de diciembre (la Nochebuena) también llega a algunas casas españolas Papá Noel.

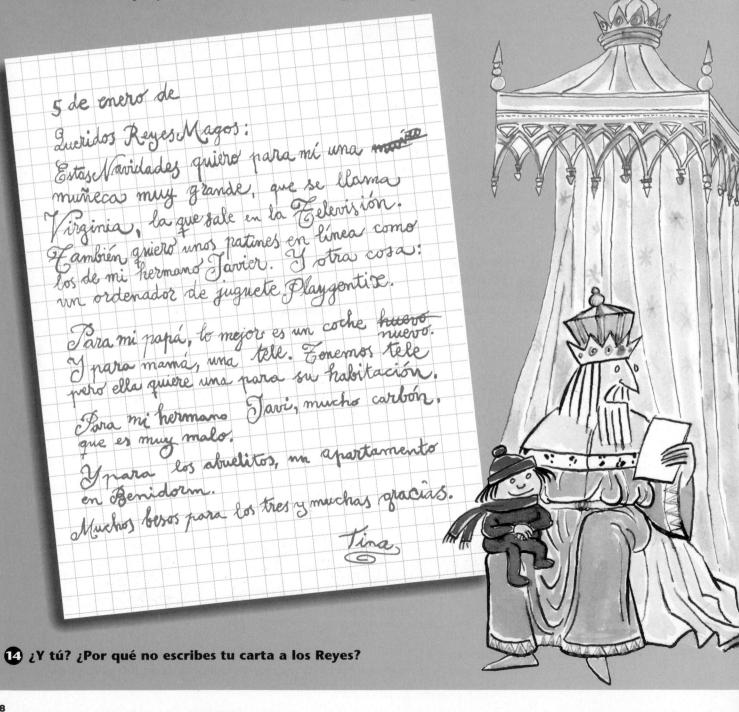

5 de enero de

Queridos Reyes Magos:

Estas Navidades quiero para mí una ~~muñeca~~
muñeca muy grande, que se llama
Virginia, la que sale en la Televisión.
También quiero unos patines en línea como
los de mi hermano Javier. Y otra cosa:
un ordenador de juguete Playgentix.

Para mi papá, lo mejor es un coche ~~nuevo~~
nuevo.
Y para mamá, una tele. Tenemos tele
pero ella quiere una para su habitación.
Para mi hermano Javi, mucho carbón,
que es muy malo.
Y para los abuelitos, un apartamento
en Benidorm.
Muchos besos para los tres y muchas gracias.

Tina

14 ¿Y tú? ¿Por qué no escribes tu carta a los Reyes?

15 En todas las culturas hacemos regalos, pero a lo mejor elegimos cosas distintas para las mismas situaciones. Completa este cuadro y coméntalo con tus compañeros.

En España, cuando...	En mi país...
nos invitan a comer a casa unos amigos, llevamos vino o pasteles.	
es el cumpleaños de un familiar, le regalamos ropa, colonia, un pequeño electrodoméstico...	
queremos dar las gracias por un pequeño favor, regalamos un disco, un libro, un licor...	
se casan unos amigos, les regalamos algo para la casa o les damos dinero.	
visitamos a alguien en el hospital, le llevamos flores, bombones, un libro...	

¿En tu país se hacen regalos en otras ocasiones? ¿Qué se regala?

En esta unidad vamos a elaborar una guía para vivir 100 años en forma.

Para ello, aprenderemos:
✔ a informar sobre nuestros hábitos relativos a la salud, y a valorarlos,
✔ a expresar frecuencia,
✔ a dar recomendaciones y consejos sobre actividades físicas y alimentación,
✔ el Presente de Indicativo de los verbos regulares y de algunos irregulares frecuentes,
✔ a cuantificar con **muy, mucho, demasiado,** etc.

gente en **forma**

1 Para estar en forma

En esta lista hay costumbres buenas para estar en forma y otras malas. ¿Cuáles tienes tú? Marca dos buenas (+) y dos malas (−). También puedes añadir cosas que tú haces y que no están en la lista.

- ❏ Duermo poco.
- ❏ Voy en bici.
- ❏ Como pescado a menudo.
- ❏ Trabajo demasiadas horas.
- ❏ Bebo mucha agua.
- ❏ Como mucha fruta.
- ❏ Ando poco.
- ❏ Fumo.
- ❏ No tomo alcohol.
- ❏ Tomo demasiado café.
- ❏ No tomo medicamentos.
- ❏ Como poca fibra.
- ❏ Hago yoga.
- ❏ No hago deporte.
- ❏ Juego al tenis.
- ❏ Como muchos dulces.
- ❏ Estoy mucho tiempo sentado/a.
- ❏ Como mucha carne.
- ❏ No tomo azúcar.
- ❏ Como solo verduras.
- ❏ _____
- ❏ _____

Coméntalo con dos compañeros. Buscad costumbres que tenéis en común.

- • Yo voy en bici y no tomo alcohol.
- ○ Yo también voy en bici, pero tomo demasiado café.
- ■ Pues yo hago gimnasia y también voy en bici...

- • Los tres vamos en bici y dormimos poco...

2 **El cuerpo en movimiento**
Esta es la página de salud del suplemento semanal de un periódico. En ella hay información sobre ejercicios físicos para estar en forma e instrucciones para realizarlos.

MANTENERSE EN FORMA ES MUY FÁCIL

Pecho

Cuello

La actividad física es fundamental para estar en forma: ayuda a perder peso y mantiene el tono de los músculos. No es necesario practicar deportes complicados y sofisticados. Andar, correr, nadar, bailar o ir en bicicleta son actividades especialmente recomendables. Los ejercicios más simples pueden ser los más efectivos. Además, todo el mundo puede hacer en casa ejercicios como los que presentamos a continuación.

1) De pie, las piernas abiertas, las dos manos juntas detrás de la cabeza. Girar el cuerpo a derecha y a izquierda.

Actividades

A ¿Cómo se llaman las partes del cuerpo? Puedes descubrirlo si lees los textos y miras las imágenes de estas dos páginas.

B Ahora seguro que puedes describir la imagen 6.

C ¿Qué actividades crees que son buenas para...?

las piernas   el corazón
la espalda   perder peso

• Ir en bici es bueno para todo: para el corazón, para...

2) Sentados, las piernas juntas, las dos manos juntas detrás de la cabeza. Girar el cuerpo a derecha y a izquierda y tocar las rodillas con los codos.

3) Sentarse en el suelo con la pierna izquierda doblada hacia atrás y la derecha estirada. Estirar los brazos hasta tocar el pie derecho con las manos. Cambiar de pierna.

4) Sentarse en el suelo, abrir las piernas, doblar un poco las rodillas. Juntar las manos, estirar los brazos y tocar el suelo con las manos.

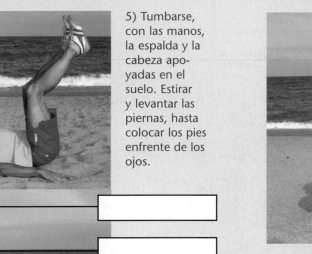

5) Tumbarse, con las manos, la espalda y la cabeza apoyadas en el suelo. Estirar y levantar las piernas, hasta colocar los pies enfrente de los ojos.

6) _____

_____

_____

_____

3 **¿Hacen deporte los españoles?**
Un programa de radio sale a la calle para preguntar sobre los hábitos deportivos de los españoles.

Actividades

A Escucha las entrevistas. ¿Todos los entrevistados practican algún deporte? ¿Cuál?

	Sí	No	Cuál
Conversación 1	☐	☐	....
	☐	☐	....
Conversación 2	☐	☐	....
	☐	☐	....
Conversación 3	☐	☐	....
	☐	☐	....
	☐	☐	....

B Prepara ahora cinco preguntas para entrevistar a tu compañero y saber si es una persona deportista. Después informa al resto de la clase.

• Giuliano es muy deportista. Juega al fútbol y en invierno esquía.

gente en forma

4 La cabeza, el pie, la boca...

Un alumno da la orden, como en el ejemplo, y el resto la sigue. Otro alumno modifica la postura con una nueva orden y así sucesivamente. El que se equivoca, queda fuera. Gana el último.

> tocarse (con **la** mano): **el** pie, **la** cabeza, **la** espalda
>
> doblar: **las** rodillas, **el** codo, **la** cintura
>
> estirar: **los** brazos, **las** piernas
>
> abrir / cerrar: **la** mano, **la** boca, **los** ojos
>
> levantar / bajar: **el** brazo derecho

- Tocarse la cabeza con la mano derecha y abrir la boca.
- Cerrar la boca y tocarse la cabeza con la mano izquierda.
- Levantar la rodilla derecha y estirar los brazos hacia delante.

¿EL PIE DERECHO O EL IZQUIERDO?

5 Causas del estrés

El estrés no ayuda nada a estar en forma. Tiene muchas causas y síntomas. Algunos están en esta lista. ¿Conoces otros? Anótalos. Hazle una entrevista a tu compañero y anota las respuestas que te da.

- ☐ Comer cada día a una hora distinta.
- ☐ De vacaciones o durante el fin de semana, pensar frecuentemente en asuntos del trabajo.
- ☐ Ir siempre deprisa a todas partes.
- ☐ Desayunar de pie y haciendo otras cosas al mismo tiempo.
- ☐ Ponerse nervioso en los atascos de tráfico.
- ☐ Ir inmediatamente al médico ante cualquier síntoma.

- ☐ Dormir menos de 7 horas al día.
- ☐ Leer durante las comidas.
- ☐ Discutir frecuentemente con la familia, con los amigos o con los compañeros de trabajo.
- ☐ No levantarse y acostarse cada día a la misma hora.
- ☐ _____
- ☐ _____

- ¿Comes cada día a una hora distinta?
- No, siempre como a la misma hora.

¿Crees que tu compañero puede sufrir estrés? ¿Por qué?

Regulares:

HABLAR	COMER	VIVIR
habl**o**	com**o**	viv**o**
habl**as**	com**es**	viv**es**
habl**a**	com**e**	viv**e**
habl**amos**	com**emos**	viv**imos**
habl**áis**	com**éis**	viv**ís**
habl**an**	com**en**	viv**en**

Irregulares:

DORMIR	DAR	IR	HACER
d**ue**rmo	**doy**	**voy**	**hago**
d**ue**rmes	das	**vas**	haces
d**ue**rme	da	**va**	hace
dormimos	damos	**vamos**	hacemos
dormís	dais	**vais**	hacéis
d**ue**rmen	dan	**van**	hacen

> _Se conjugan como_ **dormir**:
> jugar, poder, acostarse...
> u/ue   o/ue

LA FRECUENCIA

siempre
muchas veces
frecuentemente
de vez en cuando
nunca

¿No comes carne?
No, nunca.

Nunca voy al gimnasio por la tarde.
No voy **nunca** al gimnasio por la tarde.

los { lunes, martes, miércoles, jueves, viernes, sábados, domingos

los fines de semana

todos los días
todas las semanas

cada día
cada semana
cada año

VERBOS REFLEXIVOS

LEVANTARSE

Me	levanto
Te	levantas
Se	levanta
Nos	levantamos
Os	levantáis
Se	levantan

> Son verbos reflexivos: acostar**se**, dormir**se**, despertar**se**, duchar**se**...

Tengo que levantar**me** a las seis.
Hay que levantar**se** pronto.
No queremos levantar**nos** tarde.
Podéis levantar**os** a las 9 horas.

LA CUANTIFICACIÓN

Estás **muy** delgada.
Trabaja **mucho**.
Descanso **poco**.

Come
- **mucho** chocolate.
- **mucha** grasa.
- **muchos** dulces.
- **muchas** patatas.

Duermo **demasiado**.
Estás **demasiado** delgada.

Come
- **demasiado** chocolate.
- **demasiada** grasa.
- **demasiados** dulces.
- **demasiadas** patatas.

RECOMENDACIONES Y CONSEJOS

Personal:
No descansas bastante. **Tienes que** dormir **más**.
Estás un poco gordo. **Tienes que** comer **menos**.

Impersonal:

Hay que	
Es necesario	andar mucho.
Es bueno	hacer ejercicio.
Es importante	dormir bien.

→ **Consultorio gramatical,**
páginas 135 a 138.

6 Malas costumbres para una vida sana
Escucha lo que dicen varias personas cuando las entrevistan para un programa de radio. Completa sus fichas.

¿Usted cree que lleva una vida sana?

¿Yo...? No mucho.

A

¿Lleva en general una vida sana?
❏ Sí ❏ No
¿Por qué? _____
_____
_____
_____
_____

Un consejo:
Tiene que _____
_____
_____

A

Como mucha verdura, no fumo, tomo mucho café...

Cada día doy un paseo de una hora.

B

C

¿Lleva en general una vida sana?
❏ Sí ❏ No
¿Por qué? _____
_____
_____
_____
_____

Un consejo:
Tiene que _____
_____
_____

B

¿Lleva en general una vida sana?
❏ Sí ❏ No
¿Por qué? _____
_____
_____
_____
_____

Un consejo:
Tiene que _____
_____
_____

C

gente en forma

7 Nuestra guía para vivir 100 años en forma

Para vivir 100 años en forma hay que comer bien, hacer ejercicio físico y vivir sin estrés. En otras palabras, son importantes tres cosas.

A. Una alimentación sana.
B. El ejercicio físico.
C. El equilibrio anímico.

¿A cuál de estas tres cosas corresponde cada una de las reglas siguientes? Marca con una X la casilla correspondiente.

	A	B	C
Comer pescado.			
No tomar bebidas alcohólicas.			
Controlar el peso.			
Darle al dinero la importancia que tiene, pero no más.			
Consumir menos y vivir mejor.			
Disfrutar del tiempo libre.			
Llevar una vida tranquila.			
Tener tiempo para los amigos.			
Tener relaciones agradables en la familia y en el trabajo.			
Dar un paseo diario.			
Tener horarios regulares.			
Tomarse las cosas con calma.			
Ir a dormir y levantarse cada día a la misma hora.			

Piensa un poco: con ayuda del diccionario o de tu profesor, seguro que puedes añadir alguna idea más. Después, muéstrasela a tus compañeros.

8 Vamos a informarnos

¿Qué podemos hacer para llevar una vida sana? Trabajaremos en grupos de tres. Pero antes, realizaremos una tarea individual de lectura.

Cada miembro del grupo debe elegir un texto de los tres que hay a continuación: lo lee, extrae las ideas principales y completa la ficha.

Texto número: _____   **Idea principal:** _Para llevar una vida_

sana es importante... _____

Razones: _____

Formas de conseguirlo: _____

1

EL EJERCICIO FÍSICO

Actualmente, en nuestras ciudades mucha gente está sentada gran parte del tiempo: en el trabajo, en el coche, delante de la televisión... Sin embargo, nuestro cuerpo está preparado para realizar actividad física y, además, la necesita. Por eso, conviene hacer ejercicio durante el tiempo libre, ya que no lo hacemos en el trabajo.

No es necesario hacer ejercicios físicos fuertes o violentos. El golf, por ejemplo, es un deporte ideal para cualquier edad. Un tranquilo paseo diario de una hora es tan bueno como media hora de bicicleta. Es importante realizar el ejercicio físico de forma regular y constante: todos los días, o tres o cuatro veces por semana.

Equilibrio
Anímico

2 LA ALIMENTACIÓN

Conviene llevar un control de los alimentos que tomamos. Normalmente, las personas que comen demasiado engordan y estar gordo puede ser un problema; de hecho, en las sociedades occidentales hay gente que está enferma a causa de un exceso de comida. Para controlar el peso es aconsejable:

— No tomar muchas grasas. Si comemos menos chocolate y dulces, podemos reducir la cantidad de grasa que tomamos. También es bueno comer más pescado y menos carne. El pescado es muy rico en proteínas y no tiene tantas grasas como la carne o el queso. Para seguir una dieta sana, es aconsejable tomar pescado dos veces por semana, como mínimo. La forma de preparar los alimentos también ayuda a reducir la cantidad de grasas: es mejor comer la carne o el pescado a la plancha que fritos o con salsa.

— Comer frutas y verduras. Las frutas y las verduras contienen mucha fibra, que es necesaria para una dieta sana. La Organización Mundial de la Salud (OMS) recomienda tomar un mínimo de 400 gramos diarios de frutas y verduras.

3 EL EQUILIBRIO ANÍMICO

El equilibrio anímico es tan importante para una buena salud como el ejercicio físico. Tener un carácter tranquilo es mejor que ser impaciente o violento. Ser introvertido tiene más riesgos que ser extrovertido. Realizar el trabajo con tranquilidad, sin prisas y sin estrés, es también muy importante.

Por otra parte, hay muchos estudios e investigaciones que establecen una relación directa entre las emociones negativas y la mala salud. La preocupación por las enfermedades y por la muerte contribuye a aumentar las emociones negativas. Ver la vida de forma positiva y evitar los sentimientos de culpabilidad puede ser una buena ayuda para conseguir el equilibrio anímico.

Finalmente, hay que señalar que unos hábitos regulares suponen también una buena ayuda: acostarse y levantarse cada día a la misma hora, y tener horarios regulares diarios para el desayuno, la comida y la cena.

9 **El contenido de nuestra guía**

Los tres miembros de cada grupo exponen sucesivamente las ideas principales de su texto.
Con esa información, discuten y deciden cuáles son las diez ideas más importantes. Pueden añadir otras.

10 **¿Elaboramos la guía?**

Este será nuestro texto. La introducción ya está escrita. Solo os falta formular las recomendaciones.

La esperanza de vida es cada vez mayor. Pero no solo es importante vivir más: todos queremos también vivir mejor. Para eso es necesario adoptar costumbres y formas de vida que nos preparen para una vejez feliz. En otras palabras, debemos llevar ahora una vida sana si queremos después vivir en forma. ¿Cómo? Nosotros hemos seleccionado diez consejos. Son estos:

1 Es conveniente...

2 Hay que...

3 Es bueno...

4 _____

5 _____

6 _____

7 _____

8 _____

9 _____

10 _____

gente en forma

SALUD, DINERO Y
A M O R

"**T**res cosas hay en la vida: salud, dinero y amor…", dice una famosa canción española. ¿Es esta la fórmula de la felicidad para los españoles? Las encuestas y los estudios confirman que los españoles están en "buena forma", tanto físicamente como moralmente: el 74% dice que es muy feliz o bastante feliz y el 82% dice que no siente nunca o casi nunca falta de libertad.

LAS VACACIONES, EN FAMILIA

La mayoría de los españoles (78%) elige pasar las vacaciones con la familia, en verano, y en un lugar fijo en España (73%). Todavía son pocos los españoles que viajan al extranjero.

MENOS TELE Y MÁS SALIR

La televisión, que ha sido durante años el entretenimiento preferido de los españoles, actualmente está en la cuarta posición. Concretamente, de media, los españoles consumen 209 minutos diarios de televisión, frente a los 274 de los alemanes, los 255 de los franceses e italianos y los 221 de los británicos.

Salir con los amigos de tapas o a cenar en restaurantes es la diversión favorita de los españoles. Gastan poco en espectáculos (conciertos, teatro…) y mucho más en hoteles, cafés y restaurantes. Por ejemplo: el 92,3% de los españoles jamás va a conciertos de música clásica y el 75,4% nunca va al teatro.

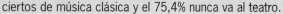

LOS ESPAÑOLES DUERMEN POCO

Los españoles duermen 47 minutos diarios menos que sus vecinos europeos. El doctor Estivill, especialista en el tema, dice que es un problema cultural: "Cenamos entre las nueve y las diez de la noche y nos acostamos entre las doce y la una, pero no nos levantamos más tarde que nuestros vecinos. Entre el 80% y el 90% de los españoles se levanta cada día entre las seis y media y las siete y media de la mañana, exactamente igual que en el resto de Europa".

La tradicional siesta ya no es frecuente en las grandes ciudades. Solo el 24% de españoles confiesa dormir la siesta todos los días. Pero los fines de semana muchos duermen un rato después de la comida; la mayoría, frente al televisor.

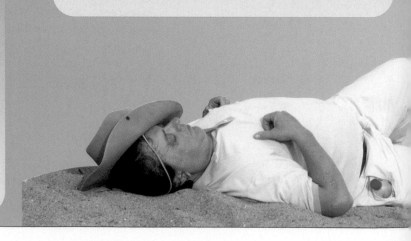

¿DIETA MEDITERRÁNEA?

Un estudio reciente indica que más del 90% de los españoles de entre 13 y 29 años dice tener buena salud. Pero la dieta de la juventud española tiene algunos problemas: los jóvenes comen poca fruta y verdura, y no desayunan. La comida rápida gana terreno también en el Mediterráneo.

EL DEPORTE ES SANO

Todos o casi todos los españoles (el 96%) afirman que el deporte es muy sano; sin embargo, el 61% no practica ningún deporte.

La natación y el fútbol son los deportes más practicados por los españoles.

¿SOLOS? NO GRACIAS

La familia y los amigos son sin duda importantísimos para los españoles. El 61% prefiere pasar el tiempo libre con la familia y muchos jóvenes viven con los padres hasta que se casan.

Por otra parte, la amistad es bastante importante o muy importante para el 97%. Además, la mayoría de los españoles (el 72%) piensa que tiene suficientes amigos.

EL TRABAJO ES INTERESANTE PERO...

Muchos españoles piensan que su trabajo es interesante (70%) y están muy orgullosos de trabajar para su empresa (69%).

Pero también opinan que hay que trabajar sin descuidar otros aspectos de la vida (66%).

11 **¿Cómo sería esta información referida a tu país? Trata de imaginarlo y coméntalo con tus compañeros.**

que trabaja

gente

Distribuiremos diferentes puestos de trabajo a varias personas.

Para ello, aprenderemos:
- ✔ a hablar de la vida profesional,
- ✔ a valorar cualidades, aptitudes y habilidades,
- ✔ a expresar y a contrastar opiniones,
- ✔ algunos usos del Pretérito Perfecto y las formas del Participio,
- ✔ algunos usos del Infinitivo,
- ✔ **algunas veces, muchas veces, nunca.**

❶ Las profesiones de la gente

En este edificio trabajan muchas personas. Mira la imagen y escribe la letra correspondiente delante del nombre de sus profesiones. Luego compara tus respuestas con las de dos compañeros.

☐ empleado de banca

☐ guarda de seguridad

☐ traductor

☐ dependienta

☐ abogado

☐ mensajero

☐ dentista

☐ arquitecta

☐ taxista

☐ profesora

☐ albañil

☐ pintor

☐ vendedor de coches

● Este es el pintor, ¿no?
○ Sí.

17	GÓMEZ Y CARRILLO BUFETE DE ABOGADOS
18	CLÍNICA DENTAL DRA. CASTAÑERA
19	JULIA SUÁREZ HELGUERA ESTUDIO DE ARQUITECTURA
20	WAY IN ESCUELA DE IDIOMAS
21	INTERLENGUAS SERVICIO DE TRADUCCIONES

❷ Cualidades

¿Qué cualidades crees necesarias para cada uno de estos trabajos? Coméntalo con tus compañeros.

Ser una persona (muy)...
amable / organizada / dinámica / creativa / fuerte / comunicativa...

Estar...
dispuesto a viajar / acostumbrado a trabajar en equipo / en buena forma...

Saber...
escuchar / mandar / convencer...
informática / idiomas...

Tener...
mucha experiencia / un título universitario / buena presencia / mucha paciencia / carné de conducir...

● Para ser un buen abogado hay que tener mucha experiencia.
○ Sí. Y, además, hay que saber escuchar.
■ Sí, pero sobre todo hay que tener mucha paciencia.

❸ Vuestras profesiones

¿Conoces cuáles son las profesiones de tus compañeros? Si aún no trabajan, pregúntales qué quieren hacer en el futuro.

● Yo trabajo en una empresa de construcción.
○ Pues yo quiero ser ingeniero.

gente que trabaja

4 **Profesiones interesantes, aburridas, seguras, peligrosas...**

PROFESIÓN	ASPECTO POSITIVO	ASPECTO NEGATIVO
farmacéutico/a		
músico/a		
agricultor/ora		
asistente social		
camionero/a		
albañil		
médico/a		
cartero/a		
abogado/a		
maestro/a		
policía		
psicólogo/a		
mi profesión:		

Actividades

A Escribe, al lado de cada profesión, un aspecto positivo y otro negativo. Fíjate en la lista de ideas que tienes a la derecha. Puedes añadir otras.

Luego, compara tus respuestas con las de dos compañeros.

- ● Los camioneros tienen una profesión peligrosa.
- ○ Y además no ganan mucho dinero.
- ■ Sí, pero es un trabajo muy independiente.

ES UN TRABAJO MUY...

creativo / variado / interesante / seguro / fácil / independiente / autónomo.

LOS TAXISTAS / LOS MÉDICOS...
- conocen a mucha gente.
- conocen muchos países.
- ganan mucho dinero.
- viajan mucho.
- ayudan a la gente.

ES UN TRABAJO MUY...

monótono / duro / aburrido / peligroso / difícil / estresante.

LOS TAXISTAS / LOS MÉDICOS...
- pueden tener accidentes.
- están fuera de casa mucho tiempo.
- ganan poco dinero.
- tratan con personas desagradables.
- tienen mucha responsabilidad.

5 Alicia busca empleo

Alicia ha pasado unos años fuera de España. Ahora vuelve y busca empleo. Escucha la entrevista que le hacen en una agencia de colocación.

Actividades

A  Completa los datos con las informaciones que Alicia da en la entrevista.

Ha estudiado _____ .
Habla _____ .
Ha trabajado en/como _____ .
Ha vivido en _____ .

B Lee ahora estos tres anuncios de trabajo. Valora si el perfil de Alicia se adecua a ellos o no.

ANUNCIO 1: (No) puede presentarse porque...
_____
_____

ANUNCIO 2: (No) puede presentarse porque...
_____
_____

ANUNCIO 3: (No) puede presentarse porque...
_____
_____

C Habla con tus compañeros. Poneos de acuerdo sobre qué empleo es el más adecuado para Alicia.

● Yo creo que puede solicitar el 1.
Ha estudiado Biología y habla inglés.
○ Pero no tiene carné de conducir...

---

❶ EMPRESA MULTINACIONAL FARMACÉUTICA SOLICITA VENDEDOR/A

para MADRID

PERFIL REQUERIDO:
— Licenciatura en Farmacia o Biología.
— Experiencia en ventas.
— Disponibilidad para viajar en coche por toda España.
— Buena presencia y don de gentes.
— Edad entre 25 y 45 años.
— Conocimientos de inglés.

OFRECEMOS:
— Contrato laboral y alta en Seguridad Social desde el momento de su incorporación.
— Formación a cargo de la empresa.
— Sueldo fijo más comisión.
— Agradable ambiente de trabajo.
— Vehículo de la empresa.
— Gastos pagados.

Escribir carta A MANO
y currículo MECANOGRAFIADO a:

Balmes, 145, ático 1ª - 08008 BARCELONA

❷ Farmadiet

Empresa líder en productos dietéticos

BUSCA

Titulado superior para su Departamento de Marketing

— Edad entre 23 y 35 años.
— Licenciatura en Bioquímica, Farmacia o Biología.
— Experiencia internacional en empresa del sector.
— Conocimientos de inglés y francés (nivel avanzado).
— Buena presencia.
— Incorporación inmediata.

Interesados, enviar urgentemente C.V. a recursoshumanos@farmadiet.es

❸ Importante laboratorio farmacéutico necesita para su sede en Madrid

TITULADO SUPERIOR

Se requiere:
— Licenciatura universitaria (Medicina, Química o Biología).
— Experiencia en investigación farmacéutica.
— Dominio del inglés hablado y escrito. Conocimientos de italiano y/o portugués hablados.
— Capacidad para trabajar en equipo y para liderar grupos.

Se ofrece:
— Remuneración según experiencia del candidato/a.
— Formación técnica y comercial.
— Contrato laboral de un año de duración.

Los interesados deberán remitir urgentemente un *curriculum vitae* detallado a: Apartado de Correos 27007 - 28080 MADRID.

gente que trabaja

6 Curiosos famosos

En equipos, tratad de recordar o imaginad quién ha hecho estas cosas tan curiosas. Gana el equipo que consiga el máximo de respuestas correctas en menos tiempo.

TOM CRUISE   Pedro Almodóvar   EMINEM

Julia Roberts   **ANNA KOURNIKOVA**   SALMA HAYEK

RIVALDO   J. K. ROWLING

- Ha sido varias veces la actriz mejor pagada del mundo.
- Ha cobrado 17 millones de dólares por una película.
- Ha hecho muchas películas románticas.

- Su madre ha trabajado en algunas de sus películas.
- Ha recibido dos *oscars* de Hollywood.
- Ha sido administrativo de la Compañía Telefónica Nacional Española.

- Ha pertenecido a la Iglesia de la Cienciología.
- Ha estado casado con Nicole Kidman.
- Ha participado en dos "misiones imposibles".

- Ha sido Frida Kalho en el cine.
- Se ha hecho famosa con una telenovela mexicana.

- Ha ganado a Steffi Graf.
- Ha ganado pocos trofeos de tenis pero mucho dinero en publicidad.

- Ha ganado tres premios Grammy.
- Ha superado las ventas de Michael Jackson, Madonna o cualquier otro artista en solitario, con 1 700 000 discos vendidos en siete días. En total, ha llegado a los ocho millones de copias en Estados Unidos.

- Ha vendido treinta millones de libros en todo el mundo.
- Sus libros han sido traducidos aproximadamente a 30 idiomas.
- Ha trabajado para Amnistía Internacional en Londres.
- Ha sido profesora de inglés para adolescentes en Portugal.

- Ha sido uno de los futbolistas mejor pagados del mundo: más de 6 millones de dólares anuales.
- Ha sido muy pobre y ha vendido *souvenirs* en la playa de Recife.
- Ha jugado en el Barcelona y en el Milan.

¿Has visto que en estas informaciones aparece un nuevo tiempo verbal: ha ganado, ha sido…? Es el Pretérito Perfecto. Subraya los verbos que encuentres en este tiempo y trata de averiguar cómo se forma a partir del Infinitivo.

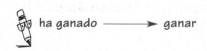 ha ganado ⟶ ganar

7 Nuestros famosos

Ahora, en pequeños grupos, pensad en personajes famosos que conocéis: políticos, artistas, etc. Escribid algunas informaciones sobre cosas que han hecho y leedlas a vuestros compañeros. Ellos adivinarán de quién se trata en cada caso.

- Ha sido muy pobre, ha ganado el primer premio Nobel de Literatura otorgado a un escritor en lengua portuguesa y ahora vive en Tenerife.
  ○ ¿José Saramago?
- Sí.

PRETÉRITO PERFECTO

HABLAR
he
has
ha
hemos   hablado
habéis
han

	Participio
hablar ⟶	hablado
tener ⟶	tenido
vivir ⟶	vivido

PARTICIPIOS IRREGULARES

ver ⟶	visto
hacer ⟶	hecho
escribir ⟶	escrito
decir ⟶	dicho

¿HAS ESTADO ALGUNA VEZ EN…?

He estado **una vez.**
        dos / tres /… veces.
        muchas veces.
        varias veces.

No, no he estado **nunca.**

HABLAR DE HABILIDADES

¿Sabéis tocar algún instrumento?

Yo sé tocar el piano.
Yo toco la guitarra.
Yo no toco ningún instrumento.

Puedo tocar el piano.

Juego el piano.

LOS IDIOMAS

el griego
el árabe
el francés
el alemán

Es **griega**.
Habla **griego**.

- **Entiendo** el japonés, pero lo **hablo** muy poco. Y no lo **escribo**.

- Hablo **un poco de** italiano.

- ¿Habla usted inglés?
○ Sí, **bastante bien**.

SABER

(yo)	**sé**
(tú)	sabes
(él, ella, usted)	sabe
(nosotros, nosotras)	sabemos
(vosotros, vosotras)	sabéis
(ellos, ellas, ustedes)	saben

VALORAR HABILIDADES

muy bien
bastante bien
regular
bastante mal
muy mal

Elvira toca el piano muy bien. Yo, regular.

➡ **Consultorio gramatical, páginas 139 a 141.**

---

8 **No he estado nunca en Granada**
Practica con dos compañeros. Tú les preguntas y anotas sus respuestas afirmativas (+) o negativas (–) en cada caso.

- ¿Habéis estado alguna vez en Granada?
○ Yo sí. He estado muchas veces.
■ Yo no. No he estado nunca.

Visitar México.
Hablar con un argentino.
Comer paella.
Bailar un tango.
Bailar flamenco.
Perder una maleta en un aeropuerto.
Ganar un premio.
Hacer teatro.
Escribir un poema.
Ir en globo.
Enamorarse a primera vista.
Hacer un viaje a la selva.
Estar en Colombia.
Ir a...

COMPAÑERO A	COMPAÑERO B

9 **¿Verdad o mentira?**
Tienes que escribir tres frases sobre tu vida: cosas que has hecho o que sabes hacer. Por lo menos una debe ser verdad; las otras pueden ser mentira. Puedes utilizar las expresiones siguientes.

Sé japonés / ruso / chino / árabe...
He vivido tres años en Japón.

Toco el piano / la guitarra / el saxofón...
He estudiado dos años en el conservatorio.

Escribo poesía / novela / cuentos...
He escrito dos libros.

Hago teatro / yoga / cine / ballet clásico...

Trabajad en grupos de cuatro. Cada uno lee ante el grupo las frases que ha escrito. Los demás deben adivinar cuáles son verdad y cuáles mentira.

- Entiendo el chino. He hecho varios viajes a Pekín.
○ Yo creo que no es verdad.
■ No. Eso no es verdad
● Sí, sí es verdad.

10 Anuncios de trabajo: ¿qué piden?

Estás en casa y escuchas en la radio un programa para jóvenes. En él hablan de una empresa nueva que se instala en una ciudad española. Va a crear muchos puestos de trabajo.

Primero, escucha lo que dicen y, después, rellena estas fichas. En la columna de la izquierda tienes las palabras que faltan.

para el trabajo

la experiencia

de progresar

programas informáticos

20/30 años

muy organizada

trabajo en equipo

nivel de lectura

con la gente

edad

formación especializada

VENDEDORES

Edad: 20/26 años.
Se valorará [   ]
Carácter amable y buena presencia.
Abierto al trato [   ]
Voluntad de progresar.
Capacidad de trabajo en equipo.

ADMINISTRATIVOS

Edad: 22/35 años.
Se valorará la experiencia.
Persona [   ]
Conocimiento de [   ]
a nivel de usuario (Office...).
Idiomas: francés o inglés a [   ]

DECORADORES

[   ]: 22/28 años.
[   ] en
decoración y presentación de escaparates.
Aptitud y sensibilidad para presentar el producto.
Capacidad de [   ]

MOZOS DE ALMACÉN

Edad: [   ]
Buena disposición [   ]
Voluntad [   ]

11 **Selección de candidatos**

Tú y dos de tus compañeros trabajáis en una empresa de selección de personal. Tenéis que seleccionar empleados para **HOME & COMFORT**. Los puestos de trabajo que se ofrecen son los que tenéis en las fichas de la actividad anterior. De momento tenéis cuatro solicitudes. ¿Qué puesto le dais a cada uno? Tenéis que poneros de acuerdo y seleccionar al mejor candidato para cada puesto.

Apellidos: Pellicer Alpuente
Nombre: Silvia
Lugar de nacimiento: Gijón (Asturias)
Edad: 27 años
Domicilio actual: Pza. Doctor Garcés, 8
28007 Madrid
Teléfono: 913 754 210
Estudios: licenciada en psicología
Idiomas: inglés, bastante bien, y un poco de francés
Experiencia de trabajo: 6 meses administrativa, Jofisa (Oviedo). 1 año vendedora, Gijón
Resultados test psicotécnico: comunicativa, sociable, organizada
Otros: pintura, informática (Office, Access)

Apellidos: Ríos Gómez
Nombre: Isidro
Lugar de nacimiento: Madrid
Edad: 22 años
Domicilio actual: Núñez de Arce, 253, Ático 1ª. 28012 Madrid
Teléfono: 669 164 238
Estudios: BUP
Idiomas: ninguno
Experiencia de trabajo: construcción (2 años); empresa de autobuses (6 meses)
Resultados test psicotécnico: trabajador, capacidad de iniciativa, introvertido
Otros: permiso conducir C-1 (camión)

Apellidos: Fernández Rico
Nombre: Nieves
Lugar de nacimiento: Tudela (Navarra)
Edad: 26 años
Domicilio actual: Alonso Ventura, 49, 6º A. 28022 Madrid
Teléfono: 616 086 745
Estudios: BUP y FP (artes gráficas)
Idiomas: francés, muy bien; italiano, bastante bien, y un poco de alemán
Experiencia de trabajo: 6 meses en una tienda de ropa
Resultados test psicotécnico: tímida e introvertida, organizada
Otros: autoedición (Quark, Freehand)

Apellidos: Sanjuán Delgado
Nombre: Alberto
Lugar de nacimiento: Betanzos (La Coruña)
Edad: 27 años
Domicilio actual: Hermanos Escartín, 25, 1º C. 28015 Madrid
Teléfono: 913 679 876
Estudios: EGB, FP (carpintería)
Idiomas: un poco de francés
Experiencia de trabajo: taxista (cinco años). Recepcionista en un hotel
Resultados test psicotécnico: comunicativo y amable, organizado
Otros: informática (Word, Excel)

Apellidos: _____
Nombre: _____
Lugar de nacimiento: _____
Edad: _____
Domicilio actual: _____

Teléfono: _____
Estudios: _____
Idiomas: _____
_____
Experiencia de trabajo: _____
_____
Resultados test psicotécnico: _____
_____
Otros: _____

12 **Tu ficha**

Ahora, elabora tu propia ficha con datos reales o imaginarios. Léela a tus compañeros. Ellos decidirán a qué puesto puedes presentarte.

¿VIVIR PARA TRABAJAR O TRABAJAR PARA VIVIR?

Ni una cosa ni la otra. Varios estudios recientes demuestran que los españoles no están obsesionados por el trabajo.

La mayoría opina que el trabajo es un aspecto muy importante de su vida, y no solo por razones económicas. Pero también declara que el trabajo no debe dominar los demás aspectos de su vida. Por otra parte, valoran con una nota alta su trabajo actual: le dan 6,8 puntos, en una escala de satisfacción del 0 al 10. Los entrevistados destacan como elementos especialmente positivos de su empleo: el interés del trabajo que realizan, (24,5%), el ambiente en la empresa (11,8%), el salario (7,7%), el horario (7,5%) y el desarrollo personal (7,4%).

También opinan que sus condiciones laborales no son malas: les dan una puntuación de 6,1, sobre 10. Además, seis de cada diez personas consideran que las relaciones con su jefe son buenas.

El aspecto que los españoles valoran más cuando eligen un trabajo es la estabilidad del empleo y, en segundo lugar, si el trabajo les parece interesante. Parece que el sueldo no es el factor más importante.

Otro dato interesante: la mayoría de los españoles (54%) prefiere trabajar por cuenta propia.

13 **¿Y para ti? ¿Qué es lo más importante en un trabajo? Ordena estos aspectos según tus prioridades.**

– la estabilidad
– el interés de la actividad realizada
– el salario
– los horarios
– el ambiente de trabajo

¿Qué nota, del 0 al 10, le das al trabajo que realizas actualmente? ¿Por qué?

Estilos de vida

Un mes de vacaciones no siempre es suficiente. Algunas personas han encontrado el equilibrio perfecto entre trabajo y ocio. A cambio de menos estabilidad y menos dinero, tienen más libertad.

Jordi Sangenís, 29 años, es marino mercante pero en la actualidad trabaja en las Golondrinas de Barcelona, unos populares barcos que realizan paseos por el puerto de esta ciudad.

Para Jordi, el equilibrio perfecto consiste en trabajar mucho durante los meses de primavera y verano, especialmente de mayo a septiembre, y descansar durante el invierno. Cada año, alrededor de Semana Santa, Jordi empieza a trabajar. "En realidad —nos dice Jordi— no trabajo más que otras personas, lo que pasa es que estoy ocupado cuando los demás están de fiesta o de vacaciones y mis amigos tienen la sensación de que siempre estoy trabajando. Además, como salgo menos a cenar y de copas, gasto menos."

El dinero que ahorra durante los meses de temporada alta, Jordi lo usa para viajar en invierno a destinos exóticos, en la época del año en la que es más fácil encontrar billetes de avión baratos y los alojamientos tienen precios más bajos.

Dos meses en México, seis semanas recorriendo Australia o dos semanas esquiando en Rumanía son ejemplos de los viajes que hace Jordi con su pareja cada año. Además, aprovechan los fines de semana de febrero y marzo para hacer pequeñas escapadas a Túnez, Galicia, Londres, Marrakech o Ámsterdam. "Nuestro proyecto para el año que viene es pasar dos meses en Rusia, en primavera: hacer el Transiberiano y conocer Mongolia." A Jordi siempre le ha gustado viajar y esta manera de combinar trabajo y vacaciones le permite hacer lo que más le gusta. "La gran suerte que tengo es que mi pareja puede viajar conmigo, trabaja en un estudio de diseño y puede desaparecer durante los dos o tres meses que pasamos fuera".

14 **¿Qué te parece la manera de vivir de Jordi?**

interesante / genial / complicada / arriesgada / me gustaría probarla / no es para mí / aburrida / estresante

15 **"A cambio de menos estabilidad y menos dinero, tienen más libertad":** **¿Conoces a alguna persona que siga esta misma fórmula? Explica a tus compañeros qué es lo que hace.**

Vamos a hacer el "Libro de cocina" de nuestra clase con nuestras mejores recetas.

Para ello, aprenderemos:
- ✔ a desenvolvernos en tiendas y en restaurantes,
- ✔ a hablar de los alimentos y de las características de un plato,
- ✔ los pesos y las medidas,
- ✔ la forma impersonal con **se**,
- ✔ los cuantificadores **poco, suficiente, mucho,** etc.,
- ✔ **ninguno (ningún), ninguna / nada.**

gente que come bien

1 **Productos españoles**

Muchos de los productos que ves en estas fotografías se exportan a otros países y todos son ingredientes propios de la cocina española. ¿Sabes cómo se llaman? Intenta descubrirlo en la lista y, después, compruébalo con un compañero o con el profesor.

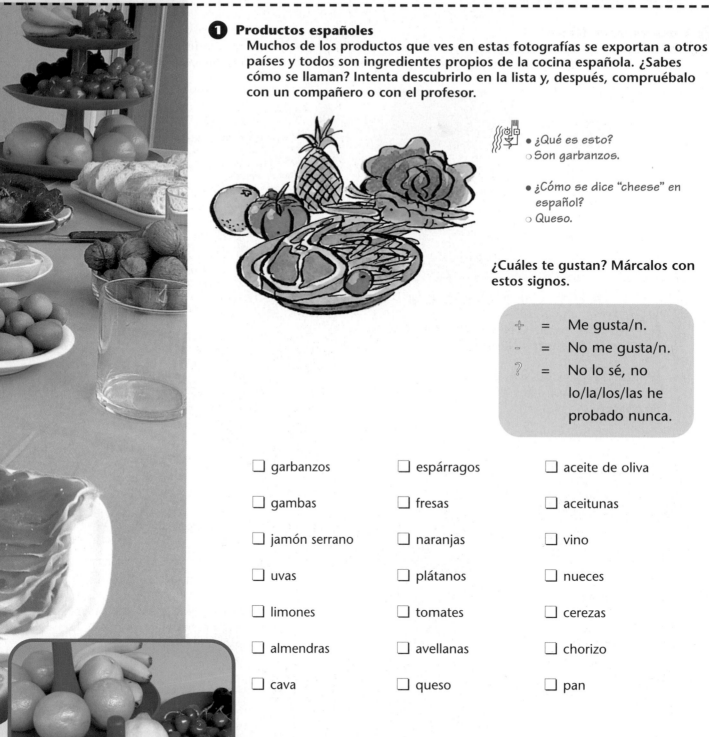

● ¿Qué es esto?
○ Son garbanzos.

● ¿Cómo se dice "cheese" en español?
○ Queso.

¿Cuáles te gustan? Márcalos con estos signos.

+	=	Me gusta/n.
–	=	No me gusta/n.
?	=	No lo sé, no lo/la/los/las he probado nunca.

☐ garbanzos ☐ espárragos ☐ aceite de oliva

☐ gambas ☐ fresas ☐ aceitunas

☐ jamón serrano ☐ naranjas ☐ vino

☐ uvas ☐ plátanos ☐ nueces

☐ limones ☐ tomates ☐ cerezas

☐ almendras ☐ avellanas ☐ chorizo

☐ cava ☐ queso ☐ pan

Coméntalo con dos compañeros. Luego vais a explicar al resto de la clase en qué coincidís.

● Las naranjas, las fresas y las uvas nos gustan a los tres.
○ Los garbanzos y el chorizo no nos gustan a ninguno de nosotros.
■ Ninguno de los tres ha comido nunca jamón serrano.

2 Supermercado Blasco

En este supermercado la dependienta habla por teléfono con una clienta, la señora Millán, y anota su pedido. Luego tiene un problema: tiene dos listas muy parecidas.

2 kg de naranjas
1/2 docena de huevos
200 g de queso manchego
2 cartones de leche entera Asturivaca
1 botella de vino Castillo Manchón tinto
6 latas de coca-cola
1 paquete de azúcar

2 kg de naranjas
1/2 docena de huevos
150 g de queso manchego
2 cartones de leche desnatada Asturivaca
1 botella de vino Castillo Manchón blanco
6 latas de coca-cola
2 paquetes de azúcar

Actividades

A ¿Puedes ayudar a la dependienta? ¿Cuál es la lista de la señora Millán?

B Escribe una lista con lo que necesitas para hacer un plato que sabes cocinar: ingredientes y cantidades.

C Un compañero será ahora el/la dependiente/a. Tú llamas al supermercado para hacer el pedido y él/ella toma nota.

3 Cocina mexicana

Amalia, una española, va a comer en un restaurante mexicano. No conoce la cocina mexicana y la camarera le explica qué es cada plato.

RESTAURANTE DON PANCHO

MENÚ DEL DÍA

Quesadillas
Caldo de cola de buey
~
Mole pueblano
Chiles en nogada
~
Capirotada

Actividades

A Lee el menú y escucha la grabación. No hay que entenderlo todo, solo la información principal.

Amalia toma, de primero, ——————
de segundo, ——————
de postre, ——————

B ¿Puedes hacer una lista con algunos de los ingredientes de estos platos?

C Toda la clase va a este restaurante. Un alumno hace de camarero y toma nota. Podéis pedir aclaraciones. ¿Cuál es el plato más pedido?

● Yo, de primero, caldo.

❹ Dieta mediterránea

En la revista *Gente de Hoy* el dietista Ignacio Rebollo comenta algunas ideas y tópicos sobre la dieta mediterránea.

—Doctor Rebollo, ¿se come bien en España?

—En general, sí. Tradicionalmente tenemos una dieta mediterránea: se toma mucha fruta, mucha verdura, mucho pescado. No se come mucha carne, se come bastante cordero... Además, tomamos vino y cocinamos con aceite de oliva.

—¿Vino?

—Sí, un cuarto de litro al día no es malo.

—Pero mucha gente hace dieta, quiere adelgazar, está preocupada por la comida...

—Sí, es verdad. La gente quiere reglas, recetas mágicas... Pero la mayoría de nosotros puede solucionar sus problemas de dos maneras: comer un poco menos y hacer un poco más de ejercicio.

—Otra moda: beber mucha agua.

—El organismo necesita unos dos litros y medio al día. Un litro ya nos llega a través de los alimentos. O sea, que hay que tomar un litro y medio de líquido al día.

—¿Hay que beber leche?

—La leche aporta dos cosas importantes: calcio y proteínas. Hay que tomar medio litro de leche al día; leche u otros lácteos como el queso o el yogur.

—¿Cuántos huevos se pueden comer al día?

—Una persona adulta sana puede comer tres huevos por semana sin problemas. Las proteínas del huevo son las mejores.

—¿Qué opina de la comida rápida?

—Es cierto que en España cada vez se consume más comida rápida, sobre todo entre los jóvenes. El problema es que estas comidas contienen demasiada grasa y demasiada sal.

—¿Se puede vivir bien siendo vegetariano?

—Por supuesto: el secreto consiste en combinar bien las legumbres y los cereales.

CARNE ROJA	**Algunas veces por mes**
DULCES	
HUEVOS	
AVES DE CORRAL	**Algunas veces por semana**
PESCADO	
QUESO Y YOGUR	
ACEITE DE OLIVA	
FRUTA / **LEGUMBRES Y FRUTOS SECOS** / **HORTALIZAS**	**A diario**
PAN, PASTA, ARROZ, CUSCÚS, POLENTA, OTROS CEREALES Y PATATAS	

Actividades

A Antes de leer la entrevista, vamos a ver cuáles son nuestras costumbres alimentarias. Hazle estas preguntas a un compañero.

	sí	no
¿Comes mucho pescado?		
¿Comes mucha verdura?		
¿Comes mucha carne?		
¿Bebes vino?		
¿Cocinas con aceite de oliva?		
¿Bebes mucha agua?		
¿Tomas leche o lácteos?		
¿Comes muchos huevos?		
¿Consumes comida rápida?		
¿Comes legumbres?		

B Lee el texto y compara las respuestas de tu compañero con la información que da Ignacio Rebollo. Crees que tu compañero se alimenta...

☐ muy bien
☐ bien
☐ no muy bien
☐ mal

Explícaselo a tus compañeros y dale algún consejo.

● Martina se alimenta bien. Bebe mucha agua y come mucha verdura, pero creo que tiene que comer menos huevos...

5 Compras para el menú del día

El cocinero de Casa Leonardo ha comprado todas estas cosas para preparar el menú de hoy. ¿Qué crees que lleva cada plato? Consulta el diccionario, si quieres, y haz hipótesis. Luego, coméntalo con tus compañeros.

huevos	garbanzos	patatas	gambas
tomates	chorizo	leche	calamares
cebollas	pollo	harina	mejillones
arroz	carne de ternera	pimientos	queso

Menú del día

macarrones
paella
gazpacho
cocido madrileño

escalopa milanesa
tortilla española
calamares a la romana

naranja o flan

pan
vino, cerveza o agua

- Los mejillones son para la paella, creo.
- Sí, la paella lleva mejillones...
- Y calamares.

Ahora imagina que estás en Casa Leonardo. El camarero (que es un compañero) va a tomar nota de lo que pedís cada uno.

- Yo, de primero, macarrones.
- Yo también, macarrones.
- Yo, gazpacho.

6 ¿Es carne o pescado?

La comida de Hispanoamérica y de España es muy variada. Es muy importante aprender a pedir informaciones sobre qué es y cómo está preparado un plato. Hazle preguntas a tu profesor sobre estos platos y decide si los quieres probar.

Platos del día

Pulpo a la gallega

Ajo blanco

Migas

PARA EL RESTAURANTE

Por favor, un poco más de pan y otra cerveza.

- ¿Qué van a tomar?
- Yo, de primero,...
  de segundo,...
  de postre,...

- ¿Para beber?
- Vino tinto / blanco / rosado.
  Agua con gas / sin gas.
  Cerveza.
  Zumo de naranaja.

¿Tomarán café?

Sí, un café solo y un cortado.

Y nos trae la cuenta, por favor.

asado/a
frito/a
hervido/a
guisado/a

a la plancha
a la brasa
al horno

¿Es carne o pescado?
¿Es fuerte / picante / graso?
¿Qué lleva?
¿Lleva salsa?

LA FORMA IMPERSONAL

Se come demasiada grasa.
Se comen muchos dulces.

CANTIDADES

demasiado arroz / **demasiada** leche
mucho arroz / **mucha** leche
suficiente arroz / leche
poco arroz / **poca** leche

demasiados huevos /**demasiadas** peras
muchos huevos / **muchas** peras
suficientes huevos / peras
pocos huevos / **pocas** peras

No llevan arroz.
No hay huevos.

> **un poco de** =
> una pequeña cantidad

No llevan **nada de** arroz.
No llevan **ningún** huevo.
No llevan **ninguna** botella de agua.

PESOS Y MEDIDAS

100 gramos de...
200 gramos de...
300 gramos de...

un cuarto de kilo / litro de...
medio kilo / litro de...
tres cuartos de kilo / litro de...
un kilo / litro de...

un paquete de arroz / sal / azúcar / harina...
una botella de vino / agua mineral / aceite...
una lata de atún / aceitunas / tomate...

> ⟳ **Consultorio gramatical,**
> **páginas 142 a 144.**

7 Buenas y malas costumbres

Piensa en los hábitos alimentarios de tu país o de tu región de origen. Luego, si quieres, puedes leer de nuevo la entrevista de la actividad 3. Anota en estas listas tres costumbres sanas y tres malas costumbres. Luego, lo comentas con tus compañeros.

 demasiada carne de cerdo

● Aquí / En... se come demasiada carne de cerdo.

8 De excursión

La familia Zalacaín va a pasar cuatro días de acampada en el monte. Son cinco personas: tres adultos y dos niños. Se llevan toda la comida porque allí no hay tiendas. Esta es la lista que han hecho. ¿Qué te parece? ¿Olvidan algo importante? Con un compañero, corrige la lista añadiendo o quitando cosas.

100 g de mantequilla
10 l de leche
1/2 l de aceite
2 kg de patatas
3 kg de espaguetis
1 lata de tomate
24 yogures
7 kg de carne
50 g de queso
3 plátanos
12 kg de manzanas
100 g de azúcar
1 l de vino

NO LLEVAN HUEVOS

SÍ, ES VERDAD. Y LLEVAN POCO AZÚCAR, ¿NO?

SÍ, MUY POCO

● No llevan carne.
○ Sí, es verdad. Y llevan pocas patatas, ¿no?
● Sí, muy pocas.

9 La tortilla española
Para aprender un poco de cocina española, lee estos textos.

Se come en todas las regiones de España. Fría o caliente y a cualquier hora del día: por la mañana para desayunar, a media mañana en el bar de la esquina, o de pie a la hora del aperitivo. Pero también como entrante o como segundo plato en la comida. O a media tarde, para merendar. O para cenar. Y en el campo, cuando vamos de excursión. Se come sola o con pan. Es un alimento completo y equilibrado: proteínas, fécula, grasa vegetal... Los ingredientes son baratos y casi siempre los tenemos en casa. Además, le gusta a casi todo el mundo. En resumen: un plato perfecto.

TORTILLA ESPAÑOLA

DIFICULTAD: media
TIEMPO: 70 minutos
INGREDIENTES (para 6 personas):
8 huevos
750 g de patatas peladas y cortadas en rodajas finas
1 taza de aceite de oliva
sal

Calentar el aceite en una sartén y echar las patatas. Salar. Hacerlas a fuego lento durante 40 minutos hasta que las patatas están blanditas. Hay que removerlas a menudo; de esa manera no se pegan **(Figura 1)**. Después, escurrir el aceite.

Batir los huevos, salarlos, añadir las patatas y mezclar todo muy bien **(Figura 2)**.

Poner una cucharada de aceite en la sartén. Dejar calentar el aceite. Echar la mezcla y dejarla en el fuego 5 minutos por cada lado **(Figura 3)** más o menos. Darle la vuelta con la ayuda de un plato **(Figura 4)**.

Ahora escucha cómo lo explica este español, que da algunos trucos.

La sartén tiene que estar _____

Las patatas tienen que llevar _____

Las patatas hay que cortarlas _____

Las patatas hay que freírlas _____

Hay que sacar un poco de _____

Hay que añadir a las patatas un poco de _____

La tortilla hay que comerla con un poquito de _____

y _____

Se pone/n en una sartén.
  una olla.
  una cazuela.
  una fuente.

Se pone un huevo.
Se ponen tres huevos.

se echa/n   se añade/n
se fríe/n   se asa/n
se hierve/n   se pela/n
se corta/n   se saca/n
se mezcla/n

con mantequilla
sin grasa

Primero,...
después,...
luego,...
Al final,...

10 Recetas
Formad pequeños grupos. Cada grupo va a escribir una receta. Puede ser un plato fácil o que alguno sabe hacer. Primero, tenéis que elegir un plato y completar esta ficha.

PORTFOLIO

Ahora, hay que escribir la receta. Para ello, fijaos en la de la tortilla que puede serviros modelo. Podéis trabajar con un diccionario.

11 La lista de la compra
Un alumno de otro grupo va a ser el encargado de las compras. Hay que dictarle la lista.

● Necesitamos medio kilo de harina, tres huevos...

DIFICULTAD: _____

TIEMPO: _____

INGREDIENTES: _____

_____
_____
_____
_____
_____
_____
_____
_____
_____
_____

12 El "Libro de cocina" de la clase
Cada grupo explica a toda la clase el modo de preparar la receta que ha escrito. Después, podemos pegarlas en el tablón de la clase o fotocopiar todas las recetas y hacer un libro con nuestras especialidades.

HOY NO CENO

Son las nueve de la noche. Pepe y Elvira ya están en casa.
–Nada, hoy no ceno –dice Pepe a Elvira, su mujer–. Me ha
sentado mal algo, me parece. No estoy nada bien...
Pepe come casi todos los días en Casa Juana, al lado de la oficina,
con algunos compañeros de trabajo. En Casa Juana tienen un menú
baratito, que está bastante bien.
–Seguramente ha sido el bacalao. Bueno, no sé... Estaba rico, con
unos pimientos y unas patatitas...
–¿Y de primero, qué has tomado? –pregunta Elvira.
–Una ensalada...
–¿Y por la mañana?
–Lo normal, el café con leche en casa y... A media mañana, a las
once, hemos ido a desayunar al Bar Rosendo con Pilar y Gonzalo, y
me he tomado un bocadillo de atún y otro café.
–¿Y el aperitivo?
–No, hoy no hemos bajado...
–Pues a lo mejor sí ha sido el bacalao... Y yo he preparado pescado
para cenar... Y verdura.
–Ufff... Nada, nada, yo no quiero nada. Una manzanilla, quizás.
Estoy fatal...

13 Pepe Corriente es una persona muy normal, un español medio.
Señala aquellas cosas que hace Pepe y que tú nunca haces. Seguro
que descubres alguna costumbre típicamente española.

● Yo nunca desayuno con los compañeros de trabajo.

14 Lee estos dos fragmentos extraídos de dos odas de Pablo Neruda. Fíjate en las cosas con las que Neruda relaciona el tomate y la cebolla. ¿Tú los relacionas con las mismas cosas?
Después, en grupos, pensad en otros alimentos (el pan, las naranjas, el chocolate...) e intentad escribir un poema como estos.

ODA AL TOMATE

Debemos, por desgracia,
asesinarlo:
se hunde
el cuchillo
en su pulpa viviente,
en una roja
víscera,
un sol
fresco,
profundo,
inagotable,
llena las ensaladas
de Chile,
se casa alegremente
con la clara cebolla,
y para celebrarlo
se deja
caer
aceite,
hijo
esencial del olivo,
sobre sus hemisferios
entreabiertos,
agrega
la pimienta
su fragancia,
la sal su magnetismo (...)

ODA A LA CEBOLLA

(...)
cebolla,
clara como un planeta,
y destinada
a relucir,
constelación constante,
redonda rosa de agua,
sobre
la mesa
de las pobres gentes.

Neruda, Pablo, "Oda al tomate" y "Oda a la cebolla", en *Odas elementales*, 8ª edición. Madrid: Ediciones Cátedra, 1999.

8

En esta unidad vamos a organizar viajes.

Para ello, aprenderemos:

✔ a indicar fechas, horas y partes del día,

✔ a obtener información sobre rutas y transportes, y a reservar alojamiento,

✔ el uso de preposiciones para hacer referencias espaciales,

✔ a situar una acción en el tiempo,

✔ a referirnos a acciones futuras: Futuro de Indicativo / **Ir a** + Infinitivo,

✔ **estar a punto de..., acabar de...,**

✔ **ya, todavía / aún.**

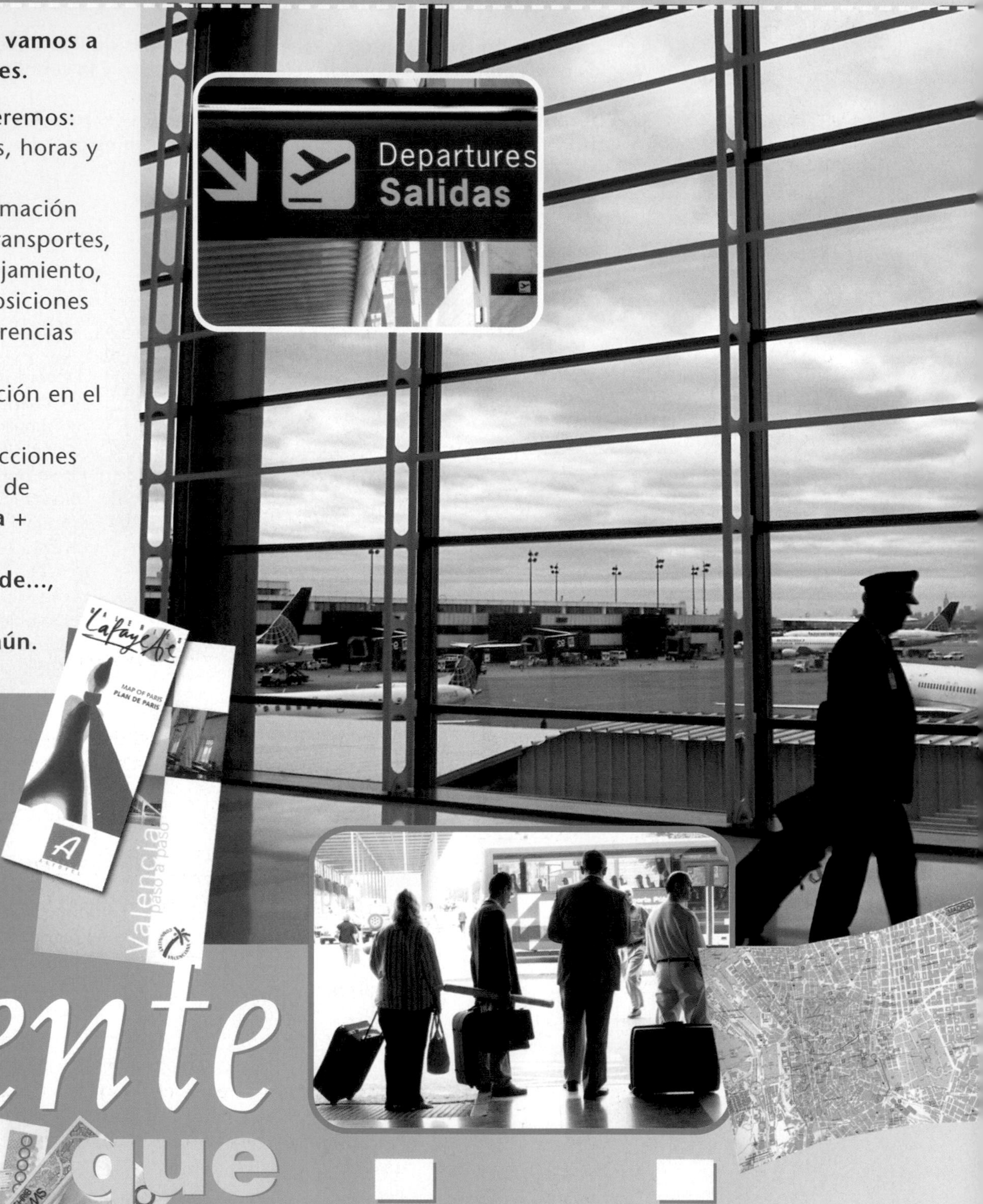

Departures
Salidas
MAP OF PARIS
PLAN DE PARIS
Valencia
paso a paso

gente que viaja

BANK of ENGLAND
FIVE POUNDS
100 DIRHAMS

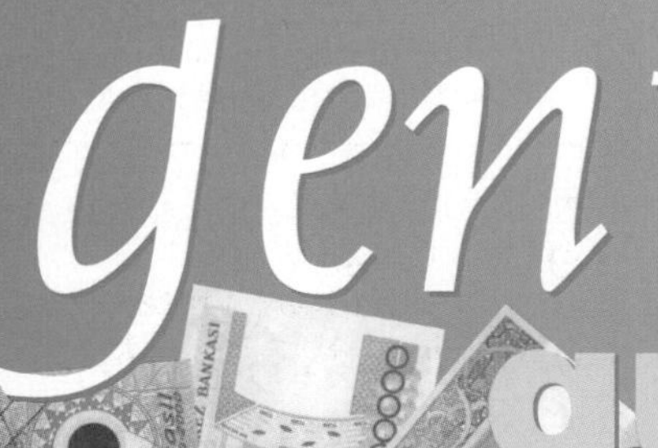

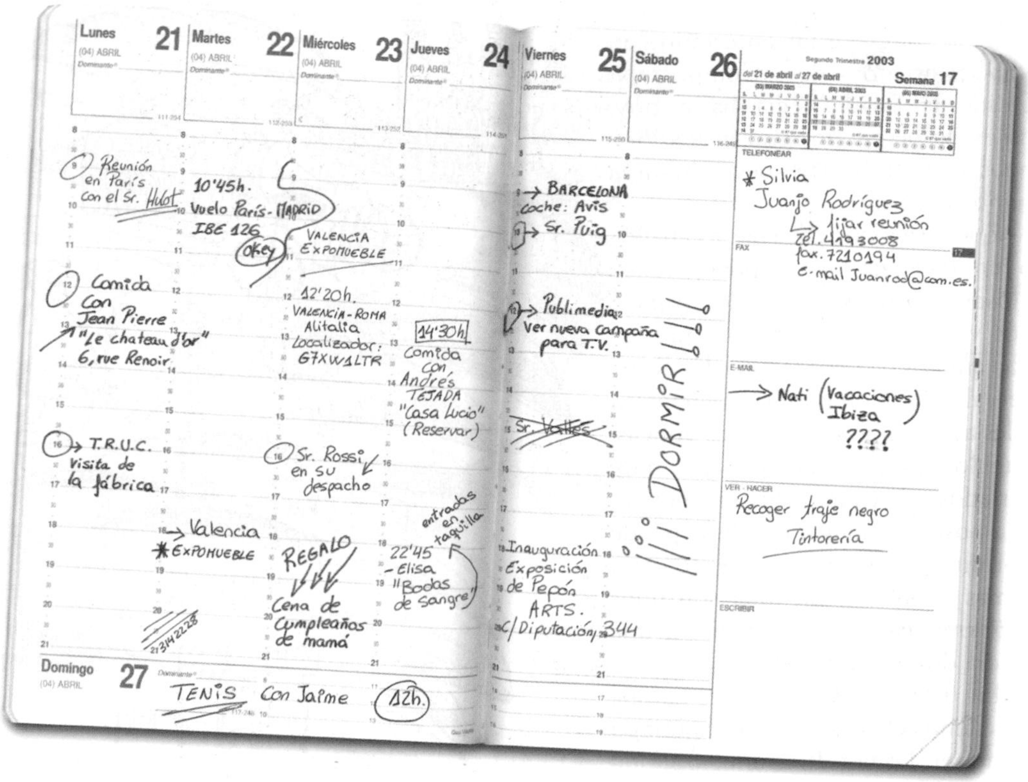

❶ La agenda de Ariadna Anguera

Esta es la agenda de Ariadna Anguera, una ejecutiva muy dinámica que vive en Madrid. Trabaja para un empresa que fabrica muebles de oficina. Tú quieres hablar con ella. ¿Cuándo y dónde puedes verla?

Puedo verla el _____ en _____

a las _____ o el _____

en _____ a las _____.

O también _____

_____.

Ahora mira las diferentes imágenes de estas dos páginas. Son cosas que se necesitan habitualmente en los viajes. ¿Cuáles llevas tú cuando viajas? ¿Llevas algo especial?

● Yo siempre llevo una plancha.

4 La vuelta a España en 8 medios de transporte

Prepara con un compañero una ruta para participar en este concurso.

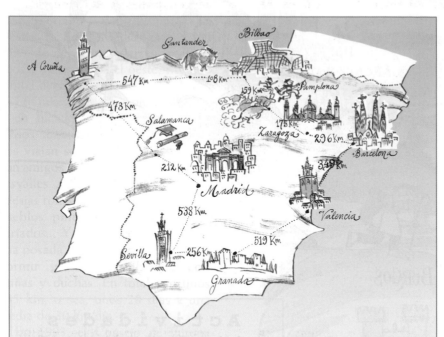

LAS REGLAS DEL JUEGO

– Los participantes tienen que utilizar todos los medios de transporte al menos una vez y visitar todas las ciudades.
– Solo pueden usar un único medio de transporte en cada etapa (entre dos ciudades), y no pueden pasar de largo: tienen que quedarse hasta el día siguiente en la ciudad a la que llegan.
– Gana el equipo que tarda menos días en dar la vuelta a España.
– Con cada medio de transporte se pueden recorrer por día unas "distancias máximas" que figuran en la tabla adjunta.

DISTANCIAS	
A PIE	25 Km
EN BICICLETA	60 Km
EN MOTO	300 Km
EN TREN	800 Km
EN COCHE	700 Km
EN AUTOBÚS	600 Km
A CABALLO	50 Km
EN AVIÓN	1000 Km

• Si vamos en bici de Bilbao a Santander, tardamos dos días...
○ Sí, y si vamos en moto, un día.

¿Y tú? Imagina que puedes hacer un viaje de 1000 km como máximo, todo pagado, ¿qué ruta haces? ¿En qué medios? Explícaselo a la clase.

5 ¿Cuándo es tu cumpleaños?

¿Sabes las fechas de cumpleaños de los compañeros de clase? A ver quién consigue, en cinco minutos, anotar más nombres y fechas de cumpleaños, como en el ejemplo.

• ¿Cuándo es tu cumpleaños, María?
○ El veintiuno de abril.

21 de abril: María

DISTANCIAS

• ¿Cuántos kilómetros hay

de		a	
desde	Madrid	hasta	Sevilla?

○ 540 kilómetros.

Madrid **está a** 538 km de Sevilla.

DÍAS Y MESES

¿Qué día	}	te vas / llegas /...?
¿Cuándo		

El (día) veintitrés.
El veintitrés **de** mayo.
El viernes (**próximo**).

La semana	}	que viene.
El mes		
El año		

enero, febrero, marzo, abril, mayo, junio, julio, agosto, septiembre, octubre, noviembre, diciembre

YA, TODAVÍA, TODAVÍA NO

- ¿A qué hora llega el avión de Sevilla?
- Ya ha llegado.

¿Todavía no han abierto?

No, todavía está cerrado.

HORAS

- ¿A qué hora abren / cierran / empiezan...?

- A las
  - ocho.
  - ocho y cinco.
  - ocho y cuarto.
  - ocho y veinte.
  - ocho y media.
  - ocho y veinticinco.
  - nueve menos cuarto.
  - nueve menos cinco.

a las diez de la mañana = 10h
a las diez de la noche = 22h

Para informaciones de servicios (medios de comunicación, transportes, etc.) se dice también:
a las veintidós horas,
a las dieciocho horas, etc.

Está abierto **de** ocho **a** tres.
Está cerrado **de** tres **a** cinco.

- ¿Qué hora es?
- Las cinco y diez.

- Perdone, ¿tiene hora?
- Sí, las cinco y diez.

➡ **Consultorio gramatical, páginas 145 a 148.**

---

6 Hotel Picos de Europa

Eres el recepcionista de un pequeño hotel de montaña. El hotel solo tiene nueve habitaciones. Algunos clientes quieren hacer reservas, cambiarlas o confirmarlas. Escucha la grabación. ¿Qué cambios u observaciones tienes que anotar en el libro de reservas?

habitación número	viernes **11**	sábado **12**	domingo **13**
1	GONZÁLEZ	GONZÁLEZ	–
2	MARQUINA	MARQUINA	MARQUINA
3	VENTURA	–	–
4	–	MAYORAL	MAYORAL
5	SÁNCHEZ PINA	SÁNCHEZ PINA	SÁNCHEZ PINA
6	–	–	IGLESIAS
7	LEÓN	SANTOS	COLOMER
8	–	–	–
9	BENITO	BENITO	

7 De 9h a 14h

En este mismo momento, mientras vosotros estáis en clase, ¿cuáles de estos establecimientos están abiertos?

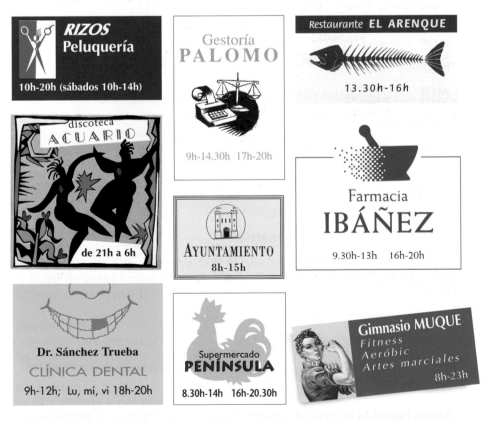

RIZOS Peluquería 10h-20h (sábados 10h-14h)

discoteca **ACUARIO** de 21h a 6h

Gestoría **PALOMO** 9h-14.30h 17h-20h

Restaurante **EL ARENQUE** 13.30h-16h

AYUNTAMIENTO 8h-15h

Farmacia **IBÁÑEZ** 9.30h-13h 16h-20h

Dr. Sánchez Trueba CLÍNICA DENTAL 9h-12h; Lu, mi, vi 18h-20h

Supermercado **PENÍNSULA** 8.30h-14h 16h-20.30h

Gimnasio MUQUE Fitness Aeróbic Artes marciales 8h-23h

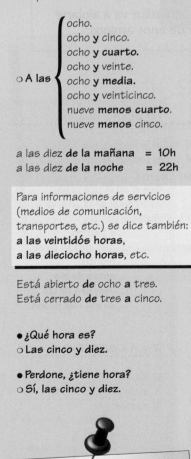

¿Estos horarios son parecidos a los de tu país o son muy diferentes?

¡QUÉ RAROS SON!

Cuando viajamos siempre descubrimos cosas diferentes, maneras diferentes de ser, de actuar, de comunicarse. Es lo que les pasa al señor Blanco y al señor Wais.

Julián Blanco es un ejecutivo español que trabaja para una multinacional. Tiene que trabajar a veces con el señor Wais, un europeo del norte que trabaja para la misma multinacional. Blanco a veces va al país de Wais, y Wais visita de vez en cuando España. A veces Blanco piensa: "Qué raros son estos nórdicos." Lo mismo piensa Wais: "Qué curiosos son los españoles."

Cuando Blanco va al país de Wais, la empresa le reserva una habitación a 15 km del centro de la ciudad, en un lugar precioso. "En este hotel va a estar muy tranquilo", piensa Wais. "¡Qué lejos del centro!", piensa Blanco, "Qué aburrido: ni un bar donde tomar algo o picar unas tapas."

Cuando Wais va a Madrid, siempre tiene una habitación reservada en un hotel muy céntrico, en una calle muy ruidosa, con mucha contaminación. Así, puede salir por ahí por la noche, piensan en la empresa de Blanco.

En las reuniones de trabajo también hay algunos problemas. "Los españoles siempre hablan de negocios en los restaurantes", dice Wais. "Primero, comen mucho y beben vino. Y luego, al final de la comida, empiezan a hablar de trabajo." "En el norte de Europa no se come", explica Blanco a su mujer, "una ensalada, o un sándwich, al mediodía, y nada más... Y luego, por la noche, a las nueve está todo cerrado..."

Respecto a la forma de trabajar también hay malentendidos: "¿Para qué nos reunimos? Lo llevan todo escrito, todo decidido... Papeles y papeles", dice Blanco.

"Los españoles no preparan las reuniones", piensa Wais. "Hablan mucho y muy deprisa, y todos al mismo tiempo."

"Son un poco aburridos", explica Blanco a sus compañeros de oficina. "Muy responsables y muy serios pero... un poco sosos... Solo hablan de trabajo..."

"Son muy afectivos, muy simpáticos pero un poco informales", piensa Wais.

¿Quién tiene razón? Seguramente los dos. Cada cultura organiza las relaciones sociales y personales de formas distintas, ni peores ni mejores, simplemente distintas.

Aprender un idioma extranjero significa también conocer una nueva forma de relacionarse, de vivir y de sentir.

11 **¿Cómo crees que piensa un ejecutivo de tu país? ¿Como Wais o como Blanco?**

– respecto al alojamiento
– respecto a las comidas
– respecto al trabajo
– respecto a la comunicación

Vamos a discutir los problemas de una ciudad y a establecer prioridades en sus soluciones.

Para ello, aprenderemos:
- ✔ a describir, a comparar y a valorar lugares,
- ✔ a opinar y a debatir,
- ✔ a expresar igualdad y desigualdad,
- ✔ a hablar del clima,
- ✔ las frases de relativo,
- ✔ **me gusta / me gustaría.**

gente de ciudad

1 Cuatro ciudades donde se habla español

¿A qué ciudades crees que corresponden estas informaciones? Hay algunas que pueden referirse a varias ciudades. Márcalo en el cuadro.

	a	b	c	d	e	f	g	h	i	j	k	l	m	n	ñ	o	p
Las Palmas																	
Bogotá																	
Sevilla																	
Buenos Aires																	

a. Tiene unos tres millones de habitantes pero su área metropolitana tiene casi once millones.

b. Es una ciudad con muchas fiestas populares: la Feria de Abril, la Semana Santa...

c. Está en una isla.

d. Es una ciudad con mucha vida nocturna.

e. Tiene unos seis millones y medio de habitantes.

f. Tiene muy buen clima. La temperatura es de unos 20 grados, tanto en invierno como en verano.

g. En verano hace muchísimo calor.

h. Es una ciudad muy turística.

i. Es la capital de Colombia.

j. Sus habitantes son de origen muy variado: español, italiano, inglés, alemán...

k. Está a 2264 metros sobre el nivel del mar.

l. Su centro es la Plaza de Mayo, donde están la catedral y la Casa Rosada, sede del Gobierno.

m. Es un puerto importante.

n. Hay mucha industria pesquera y tabacalera.

ñ. Su primer recurso económico es el turismo.

o. Es el centro administrativo, cultural y económico de Andalucía.

p. Está en la costa.

Compara tus respuestas con las de tus compañeros.

● A ver qué has puesto tú...
○ Las Palmas **C, G**...
● ¿**G**? No, en Las Palmas no hace muchísimo calor.

¿QUÉ ES UNA CIUDAD?

Calles, plazas, avenidas, paseos y callejones. (Y personas). Luces, anuncios, semáforos, sirenas. (Y personas). Mercados, supermercados, hipermercados. (Y personas). Coches, motos, camiones, bicicletas. Música, cláxones, y voces. (De personas). Perros, gatos y canarios. (Y personas). Policías, maestros, enfermeras, funcionarios, empresarios, vendedores, mecánicos, curas y obreros. (Y personas). Teléfonos, antenas, mensajeros. (Y personas). Periódicos, carteles, neones. Teatros, cines, cabarets. Restaurantes, discotecas, bares, tabernas y chiringuitos. (Y personas). Ventanas, puertas, portales. Entradas y salidas. (Y personas). Ruidos, humos, olores. Hospitales, monumentos, iglesias. Historias, noticias y cuentos. Mendigos, ejecutivos, prostitutas, yonkis y bomberos. Travestis, políticos y banqueros. Prisas, alegrías y sorpresas. Ilusiones, esperanzas y problemas. Áticos y sótanos. Amores y desamores. (De personas). Razas, culturas, idiomas... Y personas.

gente de ciudad

11 ¿Y para ti qué es una ciudad? Escribe una nueva versión del texto con tus ideas e imágenes sobre lo que es una ciudad.

12 Mira estas fotos. Son de tres ciudades hispanoamericanas: Oaxaca (México), Buenos Aires (Argentina) y Baracoa (Cuba). ¿Cómo crees que son? ¿Con qué elementos de esta lista asocias cada una de ellas?

– mar Caribe
– ciudad misteriosa
– playa
– actividad cultural
– isla

– ciudad colonial
– todo tipo de
  espectáculos
– ciudad que
  no duerme

– salas de teatro
  y cines
– enclave
  arqueológico

Ahora escucha a tres personas que hablan de estas ciudades. Comprueba si tenías razón. ¿Es lo que tú habías dicho?

13 Si quieres, puedes explicar a tus compañeros las características de tu ciudad o de tu lugar de origen.

gente en casa

Vamos a visitar a una familia española en su casa.

Para ello, aprenderemos:
- ✔ a saludar y a despedirnos,
- ✔ a hacer presentaciones,
- ✔ a interesarnos por nuestros amigos y por sus familiares,
- ✔ a invitar,
- ✔ a ofrecer y a aceptar cosas,
- ✔ a hacer cumplidos,
- ✔ a acordar una cita,
- ✔ a hablar por teléfono,
- ✔ el Imperativo,
- ✔ algunos usos de **estar** + Gerundio,
- ✔ algunos usos de las preposiciones **de**, **con** y **sin**.

1 **¿Dónde ponemos esto?**

La familia Velasco Flores se ha cambiado de casa. Ahora están sacando sus muebles del camión de mudanzas. Tú y tu compañero tenéis que decidir dónde ponéis estas cosas. Luego, comparad vuestros resultados con los de otra pareja.

● Esta cama, en la habitación de la niña.
○ Vale, y esta mesilla, ¿dónde?

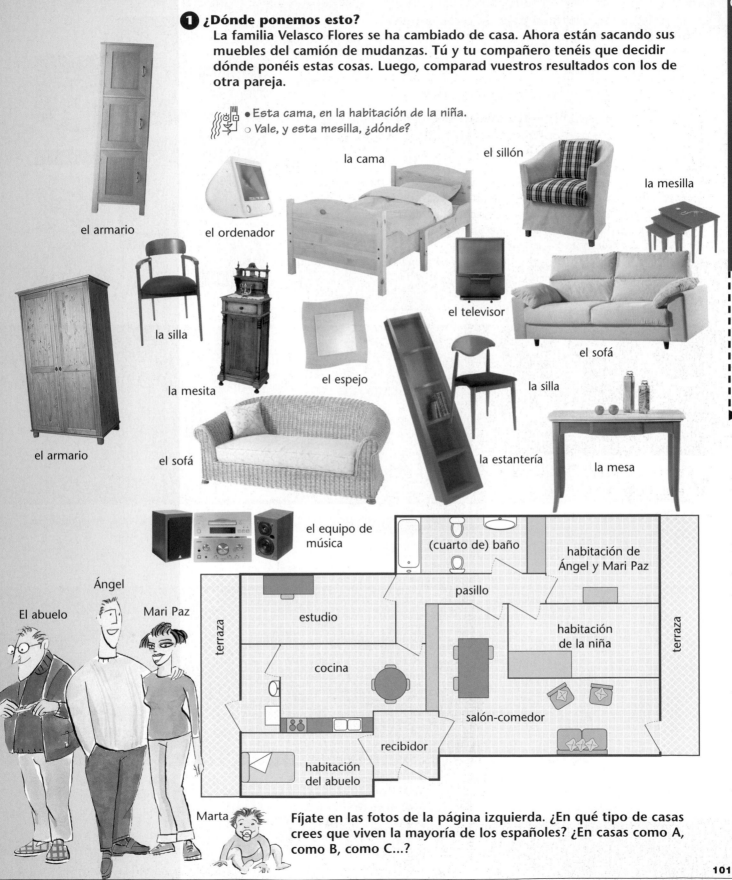

el armario

el ordenador

la cama

el sillón

la mesilla

la silla

el armario

la mesita

el espejo

el televisor

el sofá

la silla

el sofá

la estantería

la mesa

el equipo de música

(cuarto de) baño

habitación de Ángel y Mari Paz

pasillo

estudio

habitación de la niña

cocina

salón-comedor

recibidor

habitación del abuelo

terraza

terraza

El abuelo

Ángel

Mari Paz

Marta

Fíjate en las fotos de la página izquierda. ¿En qué tipo de casas crees que viven la mayoría de los españoles? ¿En casas como A, como B, como C...?

gente en casa

❷ Una película: de visita en casa de unos amigos

Unos extranjeros que viven en España visitan a unos amigos españoles. Estas son las imágenes de la película. Los diálogos están escritos debajo de cada fotograma.

Ángel · Paul · Celia · Mari Paz · Hanna · Germán

A c t i v i d a d e s

A ¿Quién habla en cada ocasión? Escucha la grabación y escribe delante de cada frase la letra inicial del nombre de la persona que la dice.

B En estas escenas puedes encontrar reflejadas formas de cortesía y maneras de actuar que tienen los españoles en situaciones como esta. Fíjate en las formas de saludar y de presentarse, los gestos, los ofrecimientos, el horario, etc. ¿Qué es diferente en tu cultura?

● Mari Paz enseña la casa a los invitados.
  Nosotros eso no lo hacemos nunca.

1 (21:00)

_____ Hola, ¿qué tal?
_____ Hola, muy bien, ¿y tú?
_____ Hola, ¿cómo estáis?
_____ ¿Qué tal?

2

_____ Pasad, pasad.
_____ ¿Por aquí?
_____ Sí, sí, adelante.

3

_____ Toma, pon esto en el frigorífico.
_____ Si no hacía falta...

4

_____ Esta es Celia, una sobrina. Está pasando unos días con nosotros.
_____ Hola, mucho gusto.
_____ Encantada.

5

_____ Sentaos, sentaos.
_____ ¿Habéis encontrado bien la dirección?
_____ Sí, sí, sin problema. Nos lo has explicado muy bien.
_____ Vivís en un barrio muy agradable.
_____ Sí, es bastante tranquilo.

6

_____ ¡Qué salón tan bonito!
_____ ¿Os gusta? Venid, que os enseño la casa.

_____ Hola, buenas noches.

_____ Hola, papá. Ven, mira, te presento a Hanna y Paul. Mi padre, que vive con nosotros.

_____ Hola, qué tal.

_____ Mucho gusto.

(Unas horas después...)

_____ Bueno, se está haciendo tarde...

_____ Sí, tenemos que irnos...

_____ ¿Ya queréis iros?

_____ Si solo son las once...

_____ Es que mañana tengo que madrugar...

_____ Pues ya sabéis dónde tenéis vuestra casa.

_____ A ver cuándo venís vosotros.

_____ Vale, nos llamamos y quedamos.

❸ Piso en alquiler

Una persona ha visto estos dos anuncios y llama por teléfono para alquilar un piso. Luego lo visita.

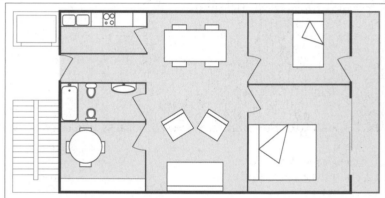

Avda. América-Diputación. 100 m², calefacción, parking opcional. Luminoso, tranquilo y soleado.

Amplio piso en zona residencial. Elegantes vestíbulos y zonas comunes. Parking y jardín comunitario.

A c t i v i d a d e s

A Mira los anuncios: ¿en qué se distinguen los dos pisos?

B Escucha la conversación telefónica y di:
- ¿A cuál crees que ha llamado?
- ¿Qué va a hacer? ¿Por qué?

C Escucha la conversación en el piso. ¿Sabes ahora más cosas del piso? ¿Crees que está bien? ¿Por qué?

4 Direcciones

Vas a oír cuatro conversaciones en las que unos españoles dan sus direcciones. Son cuatro de estas. ¿Cuáles?

Avda. Isaac Peral, 97

Pº de las Acacias 29, Át. izq.

Pl. del Rey Juan Carlos 83, esc. A, entl. 1ª

Av. REY JUAN CARLOS 83, esc. B, 4º izq.

Pza. Cervantes, 13 5ºΔ

PL. DE LAS ACACIAS, 28 4ºB

c/ Cervantes 13, 3º A

c/ Isaac Peral, 97

¿Te has fijado en las abreviaturas? ¿Puedes leer ahora todas las direcciones de la lista?

5 La primera a la derecha

Mira este plano y elige una de las direcciones señaladas del 1 al 10 (sin decir cuál). Tienes que explicar a otro compañero cómo llegar. Él o ella tiene que adivinar qué dirección has elegido. Vamos a imaginar que salimos de la Plaza de España.

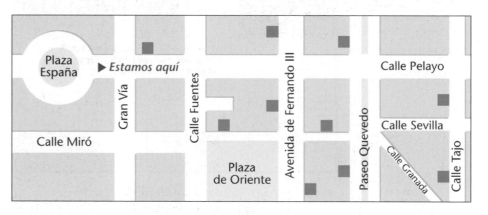

Plaza España ▸ *Estamos aquí*
Gran Vía
Calle Fuentes
Calle Miró
Plaza de Oriente
Avenida de Fernando III
Paseo Quevedo
Calle Granada
Calle Pelayo
Calle Sevilla
Calle Tajo

● Sigue por esta calle y toma la segunda a la derecha. Luego todo recto hasta el final.

Ahora, si quieres, explica a tus compañeros cómo ir a tu casa desde la escuela.

6 ¿Está Alejandro?

Escucha estas conversaciones y completa el cuadro.

	¿Dónde está? ¿Qué está haciendo?	¿Quién le llama?
MARUJA		
ELISABETH		
GUSTAVO		
EL SEÑOR RUEDA		

DIRECCIONES

● ¿Dónde vive/s?
○ En la calle Pelayo, 21, 1º 1ª.

● ¿Me da/s su/tu dirección?
○ (Sí,) Calle Duero, 21, 1º B.

● ¿Tiene/s mi/su dirección?
○ No, tu dirección, no la tengo. Tengo tu teléfono.

IMPERATIVO

	TOMAR	BEBER	SUBIR
(tú)	toma	bebe	sube
(vosotros/as)	tomad	bebed	subid
(usted)	tome	beba	suba
(ustedes)	tomen	beban	suban

Con pronombres: siént**e**te siént**e**se
sent**ao**s siént**en**se

El Imperativo sirve sobre todo para ofrecer cosas, dar instrucciones, sugerencias y permiso.

INDICACIONES EN LA CIUDAD

Por la avenida de Goya **hasta** el paseo Sagasta. **Allí** a la izquierda y **luego**, la tercera a la derecha.

Toma el metro, dirección plaza de la Estrella y **baja en** Callao, allí **tienes que cambiar** y **coger** la línea 5 hasta Ruiz Jiménez.

ESTAR + *GERUNDIO*

estoy estamos
estás estáis   } trabajando
está están

¿Qué estás haciendo? ¿Estás durmiendo?

No, estoy viendo la tele. ¿Y tú?

Yo, leyendo.

Gerundio
hablar ⟶ hablando
comer ⟶ comiendo
salir ⟶ saliendo

PRESENTACIONES

● Mira/e, esta es Gloria, una amiga.
  te/le presento a Gloria.
  Mirad/miren, os/les presento a Álex.

○ Mucho gusto.
  Encantado/a.
  Hola, ¿qué tal?

TÚ / USTED

tú	usted
tienes	tiene
pasa	pase
siéntate	siéntese
tus padres	sus padres
te presento a...	le presento a...

vosotros	ustedes
tenéis	tienen
pasad	pasen
sentaos	siéntense
vuestros padres	sus padres
os presento a...	les presento a...

● ¿Tienes sed?
● ¿Quieres tomar algo?

AL TELÉFONO

● Diga. / ¿Sí?

○ ¿Está Carmelo? / ¿Carmelo?
● Sí, soy yo.
  No está. ¿De parte de quién?
  No se puede poner. Está duchándose.
  Está hablando por otra línea.

● ¿Quiere/s dejarle algún recado?
○ Sí, por favor dile / dígale que he
  llamado / ha llamado Eva.

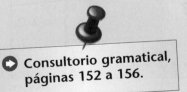

➡ Consultorio gramatical,
  páginas 152 a 156.

---

7 ¿Tú o usted?

Observa qué tratamiento usan los personajes de estas viñetas y marca en los textos las palabras que te han ayudado a saberlo.

● Mira, Luis, te presento a Ramón Ezquerra, de la oficina central.
○ Hola, ¿qué tal?
■ Encantado.

● Milagros, este es el señor Fanjul.
○ ¿Cómo está usted?
■ Muy bien, ¿y usted?

● Su dirección, por favor.
○ ¿Perdone?
● ¿Dónde vive?
○ Ah... Valencia, 46.

● Perdón, ¿sabe cuál es la calle Vigo?
○ Mire, siga por esta calle y luego, allí en la plaza, a la derecha.

● Atienda al teléfono, por favor, Carmela.
○ Sí, señora, voy...

● Abuelo, te presento a Juan, un amigo de la Facultad.
○ Hola, ¿cómo estás?
■ Muy bien, ¿y usted?

La elección entre **tú** o **usted** depende de muchos factores. Mira las situaciones de las viñetas anteriores. ¿Por qué elige cada personaje uno de los tratamientos? ¿Qué factores crees que intervienen? En estos contextos, ¿sería igual en tu lengua?

Escucha ahora otras conversaciones y observa si usan **tú** o **usted**. O **vosotros** o **ustedes**, si es plural.

Conversación: 1. _____ 2. _____ 3. _____ 4. _____ 5. _____

gente en casa

SE VENDE CASA

Anamari y Felipe trabajan en una agencia inmobiliaria. Su jornada transcurre recibiendo a los clientes, enseñándoles pisos y apartamentos y, de vez en cuando, consiguiendo alquilarles uno. Hay muchos clientes, pero la competencia también es muy grande.

A Felipe no le gusta mucho este trabajo; a Anamari, sí, dice que así se conoce muy bien a la gente.

—Hoy ha venido una pareja joven. Profesionales sin hijos.

—¿Les has enseñado el piso de San Blas?

—Huy: jóvenes y guapos, con dinero... Quieren algo mejor, 100 metros, como mínimo.

Felipe, por su parte, ha atendido a un estudiante universitario. Buscaba algo para un grupo de cinco o seis amigos, amueblado:

—Estos universitarios son una clientela muy buena. Contrato por un año y sin muchas exigencias.

—Sí, pero cuidan poco la casa.

—¿Poco, dices? Mucho mejor que muchas familias...

Anamari y Felipe casi nunca están de acuerdo.

—Los mejores son los ejecutivos de fuera. Vienen aquí, la empresa les paga, y no se preocupan por los gastos.

—Sí, pero algunos son muy exigentes. ¿Recuerdas el de ayer?

—Sí, ese que tiene dos hijos y todos los chalés le parecen pequeños.

—Es que necesita espacio para los coches, los perros y el billar...

—¿Y les has encontrado algo?...

ALQUILERES

CHALÉS UNIFAMILIARES ALTO STANDING

Zona residencial. Superficie de 1200 m², 600 m² edificados. Salón-comedor de 65 m², gran cocina, biblioteca-despacho de 20 m², 8 habitaciones, 3 baños, 2 salones de 50 m² cada uno, garaje para 3 coches y motos, galería-lavadero, bodega, solarium, 3 terrazas. Piscina, jardín, calefacción y aire acondicionado. Excelentes vistas a la sierra.

Zona tranquila. Terreno de 500 m², 230 construidos. Garaje 3 coches, salón con chimenea, cocina office, 4 habitaciones, 2 baños, calefacción. Jardín.

Zona ajardinada. Solar 624 m². Construidos 450 m². Garaje 4 coches, sala de juegos, cuarto de lavado, trastero, salón con chimenea, cocina office, 6 habitaciones, estudio, piscina. Jardín. Preciosas vistas.

CASAS ADOSADAS

Paseo Acacias. Casa adosada 230 m². 4 habitaciones (1 en planta baja), 2 baños y 1 aseo, jardín 20 m², piscina y gimnasio comunitarios, garaje particular.

Paseo de la Estación. Casa adosada 200 m². 3 habitaciones, estudio de 40 m², salón-comedor de 30 m² a dos niveles, 2 baños completos, terraza, parking, amplio trastero. Jardín.

Avenida Constitución. Casa adosada. 180 m², 4 habitaciones, 2 baños y 1 aseo, salón-comedor 25 m², cocina con salida terraza y jardín. Estudio 15 m², solarium, garaje 3 coches, calefacción, vistas al mar, cerca estación FF. CC.

PISOS, APARTAMENTOS Y ESTUDIOS

Zona Pza. España. Piso 85 m², salón con chimenea, cocina, 3 habitaciones con armarios empotrados, 1 baño, 1 aseo.

C/ Santa Ana. Piso amueblado, 3 habitaciones dobles, salón-comedor, 4 balcones, suelo de parqué y de terrazo. Exterior y soleado. Céntrico.

Zona Reyes Católicos. Piso 70 m², comedor, cocina, 2 habitaciones exteriores, 1 baño y 1 aseo. Calefacción. Piscina y jardín comunitarios. Tranquilo y soleado.

Casco antiguo. Estudio totalmente renovado. 40 m². Ascensor. Exterior, con terraza y balcón. Tranquilo.

---

11 ¿Cuál de estas viviendas crees que van a escoger los clientes que se mencionan en el texto?

12 Imagina que quieres vender tu piso. Redacta un pequeño anuncio como los anteriores. ¿Quién lo compra? Cada alumno debe elegir uno.

PORTFOLIO

13 Vas a ir a vivir a Barcelona. Un amigo te recomienda estos pisos de Marina Park 2. ¿Te gustan? ¿Qué cosas te convienen o necesitas? ¿Cuáles no?

MARINA PARK 2

VIVA EN LA CIUDAD JUNTO AL MAR Y JUNTO A EXTENSAS ZONAS VERDES

MARINA PARK 2 ES UN EDIFICIO DE VIVIENDAS SITUADO EN UNA ZONA PRIVILEGIADA DE LA CIUDAD, CON UNAS VISTAS EXCEPCIONALES, PARA QUE USTED Y SU FAMILIA DISFRUTEN DE UNA CALIDAD DE VIDA INMEJORABLE. SITUADA FRENTE AL PULMÓN VERDE DE LA CIUDAD, EL MAR, Y RODEADA DE EXTENSAS ZONAS VERDES Y DE RECREO, MARINA PARK 2 ES EL LUGAR IDEAL PARA VIVIR CON SU FAMILIA.

3-4 DORMITORIOS + TRASTERO
CALEFACCIÓN INDIVIDUAL A GAS
PUERTA DE ACCESO A LA VIVIENDA BLINDADA
COCINA TOTALMENTE EQUIPADA
HORNO ELÉCTRICO Y CAMPANA EXTRACTORA DE ALUMINIO
MICROONDAS
VÍDEO-PORTERO
ANTENA PARABÓLICA
JUNTO AL PUERTO DEPORTIVO
PARKING EN EL MISMO EDIFICIO

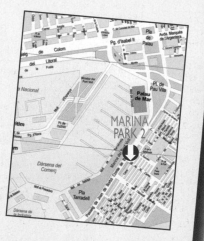

Vamos a escribir la biografía de una persona interesante.

Para ello, aprenderemos:

- ✔ a referirnos a datos biográficos e históricos,
- ✔ a situar los acontecimientos en el tiempo y a relacionarlos con otros,
- ✔ a indicar las circunstancias en que se produjeron,
- ✔ el **Pretérito Indefinido** y sus usos,
- ✔ el **Pretérito Imperfecto** y sus usos,
- ✔ el contraste entre tiempos del pasado.

gente e

historias

1 Fechas importantes

¿Puedes relacionar cada acontecimiento con el año en el que sucedió? Compara luego tus respuestas con las de otros compañeros.

● Yo creo que las Olimpiadas de Barcelona se celebraron en 1988.
○ ¡Noooo! Fueron en el 92.
■ Es verdad, fueron en el verano del 92.

1876

1939

Acabó la Guerra Civil española 1945

Acabó la II Guerra Mundial 1967

Acabó la guerra del Vietnam 1975

IBM lanzó el primer PC 1981

1988

Bell inventó el teléfono 1992

Los usuarios de Internet en el mundo llegaron a los 500 millones 1999

2000

Se celebraron las Olimpiadas de Barcelona 2001

2003

Se celebraron las Olimpiadas de Seúl

Se celebraron las Olimpiadas de Sidney

Almodóvar ganó su primer Oscar por *Todo sobre mi madre*

Roberto Benigni ganó un Oscar por *La vida es bella*

Doctor Zhivago ganó el Oscar a la mejor película

Fíjate en el nuevo tiempo verbal que aparece en las frases anteriores. Es el Pretérito Indefinido. Subraya todas las formas que encuentres en este tiempo. ¿Cómo terminan los verbos en singular? ¿Y los que están en plural?

2 ¿Y en tu país?

¿Hay alguna fecha especialmente importante en tu ciudad o en tu país?

9 Tres vidas apasionantes: Luis Buñuel, Chavela Vargas y Vicente Ferrer

¿Has oído hablar de ellos? Coméntalo con tus compañeros.

> "Las amarguras no son amargas cuando las canta Chavela Vargas..."
> (J. Sabina)

Chavela Vargas nació en Costa Rica pero con el tiempo se convirtió en una leyenda de la canción mexicana. Fue musa de Diego Rivera y de Frida Kalho, y representa hoy en día un verdadero mito para muchos músicos españoles.

> "Me gusta comer temprano, acostarme y levantarme pronto. En eso soy completamente antiespañol."

> "La buena acción contiene en sí misma todas las religiones, todas las filosofías, contiene el universo completo."

http://www.fundacionvicenteferrer.org

Vicente Ferrer nació en Barcelona en 1920. A los 49 años llegó a Anantapur, un pueblecito de la India. En su pequeña casa había únicamente una mesa, una silla, una máquina de escribir y un mensaje escrito en la pared. El mensaje decía: "Espera un milagro". Lo leyó y pensó que no había que esperar, que había que salir a buscarlo. Y él salió.

Luis Buñuel nació en Calanda (Teruel, España), en 1900, y murió en Ciudad de México, en 1983. Su cine, rodado en España y en el exilio, fue siempre inconformista, crítico y anticonvencional. Su punto de vista, a veces amargo, y su ironía hicieron de Buñuel uno de los más discutidos realizadores del cine mundial y el director español más elogiado por la crítica internacional.

Mira las imágenes y lee los textos que acompañan las fotografías. Elige cuál de los tres personajes te interesa más. Luego, busca a uno o a varios compañeros a los que les interese el mismo personaje para seguir trabajando sobre su biografía.

¿Quieres saber más? En grupos tenéis que reconstruir el reportaje del personaje que habéis elegido.
– Primero, buscad en cada una de las cajas los fragmentos que creéis que se refieren a vuestro personaje.
– Luego, ordenad la información. Enseñádsela a vuestro profesor para comprobar si habéis elegido bien.
– Haced una ficha con los datos más importantes. Os servirá para presentarlo oralmente.
– Al final, formad nuevos grupos, con compañeros que hayan trabajado sobre los otros dos personajes. Cada uno explica a los demás lo que sabe del suyo.

▸ Era hijo de una familia acomodada y tradicional. Empezó sus estudios en Zaragoza y los continuó en Madrid.

▸ El milagro lo hizo él años más tarde: cuando fundó el Rural Development Trust, una instituición que ha construido más de 7000 viviendas, 1200 escuelas, cuatro hospitales..., y ha abierto más de 18 centros residenciales para niños discapacitados.

▸ En Madrid se alojó en la Residencia de Estudiantes, donde conoció a Dalí, que también se alojaba allí. Al morir su padre, se fue a París, donde frecuentó los círculos surrealistas y trabajó como ayudante de dirección.

▸ Tuvo una infancia terrible: primero sufrió la poliomielitis y luego se quedó ciega. Pero los chamanes la curaron de todo. "Yo no lo sabía, pero así estaba preparando el camino a México, que hice a los 14 años". A esa edad se fugó de su casa y se fue a México, donde empezó a cantar en la calle.

▸ Pero en México las cosas también fueron difíciles: "Yo empecé en medio de una enorme pobreza. En realidad, nunca he tenido nada. (...) Y cuando más tenía, me lo bebí".

▸ Con Dalí rodó en París *Un perro andaluz* (1929), primera película del surrealismo cinematográfico, y *La Edad de Oro* (1930). En España hizo otro tipo de cine; fue a Las Hurdes, una región que vivía en una extrema pobreza, y rodó *Las Hurdes-Tierra sin pan* (1932). A causa de la crítica social que contenía la película, el gobierno republicano la prohibió.

▸ Pero todo comenzó antes. En Barcelona, donde empezó a trabajar a favor de los más pobres, y durante la Guerra Civil, en la que luchó en el bando republicano. Al final de la guerra, estuvo preso en un campo de concentración; cuando salió de allí entró en un monasterio.

▸ Todos querían sus pozos, sus colegios, los puestos de trabajo que creaba. Debido a las presiones políticas, decidió abandonar la India, aunque luego pudo regresar. En esa época conoció a Ana Perry, una periodista que estaba allí para informar de las manifestaciones que se organizaban en su favor.

▸ En México rodó varias películas: *El gran calavera* (1949), *Los olvidados* (1950), *Nazarín* (1958). En 1961 volvió a España para rodar *Viridiana*, con la que ganó la Palma de Oro en Cannes.

▸ A mediados de los 80 se retiró de los escenarios, víctima del alcoholismo y pasó 12 años fuera de los escenarios. Salió de su retiro gracias al director de cine Almodóvar. Tuvo un pequeño papel en la película *La flor de mi secreto* y suya es la canción "Luz de luna" de *Tacones lejanos*.

▸ Durante la Guerra Civil formó parte activa del Gobierno de la República. Por eso, al terminar esta, tuvo que exiliarse. Primero, a los Estados Unidos y luego a México, país que acogió generosamente a los exiliados españoles.

▸ Ya ordenado jesuita, fue a la India como misionero. Pronto empezó a hacer cosas para los más necesitados. Pero sus métodos no gustaban ni a sus superiores, ni a los políticos.

▸ Empezó a cantar en los años 50 y alcanzó gran popularidad en los 60. Fue la época de los conciertos de Nueva York y París y de las grandes juergas.

▸ Pasó una temporada en Francia, donde rodó, entre otras, *Belle de jour* (1967) y *El discreto encanto de la burguesía* (1972).

▸ Se casaron en 1970 y él abandonó la Compañía de Jesús. Le dolió pero no le importó, Ana era la fuerza que le faltaba, su otro yo.

▸ Y finalmente regresó a España y rodó otras películas, como *Tristana* (1970).

▸ De todos sus conciertos, uno fue una experiencia única, el de la plaza del Zócalo de México D. F., en el año 2000. "Esa noche estaba agonizando mi hermano, (...) la plaza estaba llena de gentes llorando, 40 000 almas llorando; (...) canté como nunca, mientras mi hermano moría".

▸ En el 2002, la autora de "Macorina", publicó sus memorias, *Y si quieres saber de mi pasado*.

⑩ Un personaje conocido nuestro

PORTFOLIO

Ahora, vamos a escribir la historia de una persona que conocemos. Formad grupos según vuestras preferencias. Podéis escoger un personaje público, una persona anónima que pueda ser representativa de la gente de vuestro país o ciudad, o una persona de vuestro círculo de conocidos.

Al final, cada grupo presenta a la clase a su nuevo personaje.

gente e historias

EXTRAÑOS EN LA NOCHE

Son las doce de la noche. *Noticias en Radio Nacional de España.* El murmullo de la radio acompaña (...) como una banda sonora, el recuerdo de las noches de mi infancia. (...) Yo la escuchaba mientras cenaba o, mientras me dormía, desde la cama e imaginaba cómo serían los países y las ciudades desde los que llegaban aquellas voces que cada noche venían a acompañarme. Pensaba que aquellas voces no eran reales, o por lo menos no como la mía, pues siempre decían lo mismo y sonaban casi iguales, pero a mí eso, entonces, no me importaba. Lo que me importaba a mí era saber cómo sería Madrid, o París, o el Vaticano, cuya emisora mi padre conectaba algunas noches para escuchar al Papa, y, sobre todo, aquel extraño país que se llamaba *el Principado de Andorra* y que yo imaginaba tan irreal como la voz de su locutora porque, aparte de sonar a país de cuento, ni siquiera venía en el mapa. Y en esos pensamientos iban pasando las noches, todas iguales y repetidas, todas igual de monótonas que las voces de la radio.

Una noche, sin embargo, una noticia vino a romper la rutina de la radio y de mi casa. Recuerdo aún que estábamos cenando. De repente, la música se interrumpió y una voz grave anunció escuetamente, tras la correspondiente señal de alarma, que el presidente de los Estados Unidos había sido asesinado. (...)

Yo no sabía lo que pasaba. Sabía que era algo grave por el tono de voz de los locutores y por la seriedad y el miedo de mis padres, pero no comprendía qué tenía que ver el presidente de los Estados Unidos con ellos ni por qué les preocupaba tanto (casi tanto como la muerte del abuelo, que había sucedido meses antes) lo que acabara de pasar en un país que, como el Principado de Andorra, imaginaba que tampoco vendría siquiera en el mapa. (...)

Al día siguiente, en la escuela, descubrí con sorpresa que nadie sabía nada: ni quién era Kennedy, ni en qué país gobernaba, ni lo que le había pasado. Y, sobre todo, lo más sorprendente, que a nadie le importaba nada. (...)

(Recuerdo que) su nombre quedó impreso en mi memoria, y unido para siempre al de la radio, porque fue gracias a él como yo supe que aquellas voces que hasta aquel día creía irreales porque siempre decían lo mismo y sonaban casi igual eran voces de personas que existían realmente, (...) igual que también lo eran los países de que hablaban, aunque algunos, como Andorra, ni siquiera figuraran en el mapa. Es decir: que, mientras yo vivía en Olleros rodeado de minas y de montañas, había gente que vivía, trabajaba y moría, como nosotros, en otros muchos lugares.

J. Llamazares, *Escenas de cine mudo*

11 ¿Qué edad crees que tenía el protagonista en el momento en el que escribió *Extraños en la noche*?
¿Cómo te lo imaginas en el momento que relata: edad, aspecto físico, ropa que lleva, habitación donde está...?

12 Un cuento muy breve.
Léelo.

El dinosaurio

Cuando despertó, el dinosaurio todavía estaba allí.

A. Monterroso,
El Eclipse y otros cuentos

HAY, TIENE Y ESTÁ/N

Usamos **hay** o **tiene** para hablar de la existencia de cosas, lugares y servicios. Usamos las formas **está** y **están** para localizar esas mismas cosas.

■ Si queremos saber si un lugar cuenta con determinado servicio, al preguntar por este, usamos **hay** o **tiene** y el sustantivo sin artículo. Si nos parece lógico que solo haya uno, el nombre va en singular.

- **¿Hay** piscina en el cámping?
- No, no **hay** piscina.

- ¿El cámping **tiene** piscina?
- No, no **tiene**.

Usamos el nombre en plural cuando suponemos que hay más de uno.

- **¿Hay** lavander**ías** en este barrio?
- No, en este barrio no **hay**.

- ¿Barcelona **tiene** buen**os** hospital**es**?
- Sí, varios.

■ Si lo que queremos es encontrar un servicio, usamos el artículo indeterminado (**un/una**).

¿Hay una farmacia cerca de aquí? (= necesito una)

> **!** *ATENCIÓN:*
>
> En el pueblo **hay** { un bar. · una farmacia. · SINGULAR
> dos / tres /... bares. · muchas / varias /... farmacias. · PLURAL

■ Las formas del **está** y **están** corresponden al singular y al plural.

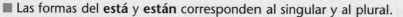

SINGULAR El restaurante **está** en la calle Mayor.
La farmacia **está** en la plaza.

PLURAL Los museos **están** en la avenida de la Constitución.
Las farmacias **están** en la plaza y en la calle Mayor.

QUERER Y PREFERIR: E/IE

	QUERER	PREFERIR
(yo)	quiero	prefiero
(tú)	quieres	prefieres
(él, ella, usted)	quiere	prefiere
(nosotros/as)	queremos	preferimos
(vosotros/as)	queréis	preferís
(ellos, ellas, ustedes)	quieren	prefieren

Quiero
Prefiero } **un apartamento** barato.
...   **las vacaciones** en septiembre.   *SUSTANTIVOS*

Quiero
Prefiero } **visitar** el Museo Guggenheim.
...   **alojarme** en un cámping.   *VERBOS EN INFINITIVO*

LOS NÚMEROS A PARTIR DE **100**

100 cien	400 cuatrocientos/as	700 **setecientos/as**	1000 **mil**
200 doscientos/as	500 **quinientos/as**	800 ochocientos/as	1 000 000 **millón**
300 trescientos/as	600 seiscientos/as	900 **novecientos/as**	

■ Si el número 100 va seguido de unidades (un, dos, tres...) o de decenas (diez, veinte, treinta...) se dice **ciento**; si no, se dice **cien**.

100 **cien**	101 **ciento** uno
	151 **ciento** cincuenta y uno
3100 tres mil **cien**	3150 tres mil **ciento** cincuenta
100 000 **cien** mil	110 200 **ciento** diez mil doscientos
100 000 000 **cien** millones	102 000 000 **ciento** dos millones

■ Las centenas, desde 200 al 999, concuerdan en género con el nombre.

	MASCULINO	FEMENINO
300	trescient**os** coches	trescient**as** person**as**
320	trescient**os** veinte euros.	trescient**as** veinte libr**as**

EXPRESAR NECESIDAD U OBLIGACIÓN: **TENER QUE / NECESITAR**

TENER	QUE	INFINITIVO
Tengo		
Tienes		
Tiene	que	comprar un regalo.
Tenemos		traer el vino a la cena.
Tenéis		
Tienen		

La necesidad se puede expresar mediante **necesitar** + Infinitivo / sustantivo .

Necesito compr**ar** un ordenador.   **Necesito** un **ordenador.**

PREGUNTAR Y DECIR EL PRECIO

SINGULAR
● ¿Cuánto { cuest**a** esta camisa? / val**e** este jersey? }

o (La camisa) / (El jersey) { cuest**a** 72 euros. / val**e** 48 euros. }

PLURAL
{ cuest**an** estos pantalones? / val**en** estos zapatos? }

o (Los pantalones) / (Los zapatos) { cuest**an** 110 euros. / val**en** 50 euros. }

UN/UNO, UNA

■ **Un** y **una** pueden ir delante del nombre.

Tengo **un** hermano y **una** hermana.

■ **Uno** y **una** pueden aparecer en lugar del nombre.

● ¿Tienes **billetes** de 5 euros?   o Sí, aquí tengo **uno.** Toma.

ALGUNA VEZ, MUCHAS VECES, NUNCA

● ¿Has estado **alguna vez** en México?

○ Sí, { una vez.
{ dos / tres... / varias / muchas veces.

○ No, (no he estado) **nunca**.

También se puede decir:

Nunca he estado en México.

EL INFINITIVO

El Infinitivo puede tener en las frases las mismas funciones que un nombre: sujeto, OD, etc.

Aprender bien un idioma es difícil.
Me gustaría **trabajar** en una escuela.
Quiero **trabajar** en un banco.

HABLAR DE HABILIDADES

■ Para preguntar por las habilidades de alguien usamos el Presente del verbo **saber** + Infinitivo o preguntamos directamente con el verbo que indica la habilidad.

SABER

(yo)	**sé**
(tú)	sa**bes**
(él, ella, usted)	sa**be**
(nosotros/as)	sab**emos**
(vosotros/as)	sab**éis**
(ellos, ellas, ustedes)	sab**en**

¿Sabes jugar al golf?

¿Juegas al golf?

Para valorar las habilidades de alguien.

Ana toca la guitarra **muy bien**.
Luis juega **bastante bien** al tenis.
Yo juego **regular** al ajedrez.
Felipe **no** habla inglés **demasiado bien**.
Marta **no** canta **nada bien**.

Yo (**no**) **sé** { nadar.
{ conducir.
{ cocinar.

~~Puede~~ nadar / tocar la guitarra / conducir.   ~~Juego la~~ guitarra.

¿Sabes francés?
¿Y escribes bien?
Sí.

Marta no canta nada bien.

IDIOMAS

■ En español, los nombres de los idiomas coinciden con el gentilicio del país, en su forma de masculino singular.

el griego	el turco
el francés	el italiano
el árabe	el alemán
el inglés	el holandés

Con **hablar, saber,** etc. se pueden usar con o sin artículo.

Sabe ruso.	Habla ruso.
Sabe **el** ruso.	Habla **el** ruso.

Pero:

El ruso es un idioma muy difícil para los españoles.
El francés tiene muchas vocales.

EXPRESAR Y CONTRASTAR OPINIONES

EXPRESAR UNA OPINIÓN	
● Maribel trabaja bien. **Yo creo que** Maribel trabaja bien.	● Maribel **no** trabaja bien. **Yo creo que** Maribel **no** trabaja bien.
DESACUERDO ○ **Yo creo que no.** (+ *OPINIÓN*)	*DESACUERDO* ○ **Yo creo que sí.** (+ *OPINIÓN*)
ACUERDO ○ **Sí, es verdad.**	
AÑADIR INFORMACIONES, OPINIONES O ARGUMENTOS ○ **Sí / No, y además** es una persona muy especial.	
CONTRADECIR EN PARTE ○ **Sí / No, pero** es una persona muy especial.	

■ Para referirnos a lo dicho por otras personas se utiliza el pronombre neutro **eso.**

Eso que ha dicho Javier no es verdad.
No estoy de acuerdo con **eso.**
Eso es muy interesante.

LOS PESOS Y LAS MEDIDAS

| **un kilo de** carne | 1 kg |
| **un litro de** leche | 1 l |

| **un cuarto de kilo de** carne | 1/4 kg |
| **un cuarto de litro de** leche | 1/4 l |

| **medio kilo de** carne | 1/2 kg |
| **medio litro de** leche | 1/2 l |

 un medio

| **tres cuartos de kilo de** carne | 3/4 kg |
| **tres cuartos de litro de** leche | 3/4 l |

| 100 **gramos de** jamón | 100 g |
| 250 **gramos de** queso | 250 g |

| **una docena de** huevos | (= 12) |
| **media docena de** huevos | (= 6) |

una media

¿Cuánto pesa? ¿Un kilo y medio?

No, un kilo y cuarto.

POCO, SUFICIENTE, BASTANTE, MUCHO Y DEMASIADO

■ Cuando se refieren a un nombre, estas palabras son adjetivos y tienen formas variables.

SINGULAR		PLURAL	
MASCULINO	FEMENINO	MASCULINO	FEMENINO
poco	poca	pocos	pocas
mucho	mucha	muchos	muchas
demasiado	demasiada	demasiados	demasiadas
suficiente		suficientes	
bastante		bastantes	

Bebe demasiado alcohol.	Come poca fibra.
Toma muchos helados.	Come demasiadas hamburguesas.
No hace suficiente ejercicio.	Tiene bastantes amigos.

■ Cuando se refieren a un verbo, estas palabras son adverbios y tienen formas invariables. Se utiliza la forma correspondiente al masculino singular.

Come **poco.**
Fuma **bastante.**
Lee **mucho.**
Trabaja **demasiado.**

Pero:

No duerme **lo suficiente.**

Come **demasiadas** golosinas y **demasiados** bocadillos.

NINGUNO (NINGÚN) / NINGUNA, NADA

■ Para indicar la ausencia de una cosa, por contraste con su presencia, se pone la frase en negativo (y el nombre sin el adjetivo negativo **ningún/ninguna**).

No he comprado garbanzos ni peras.   *NOMBRES CONTABLES EN PLURAL*
No hay manzanas en casa.

No tenemos harina ni arroz.   *NOMBRES NO CONTABLES EN SINGULAR*
No pongo sal en la tortilla.

Si el nombre ha sido mencionado antes, puede omitirse en la respuesta.

● ¿Hay fresas?
○ No, no hay.

También podemos decir:

No, no hay fresas.
No, fresas no hay.   No, no hay ~~ningunas~~.

■ Para indicar la ausencia total de una cosa contable, por contraste con una determinada cantidad, usamos **ninguno (ningún)/ninguna**.

No + verbo + **ningún/a** + *NOMBRES CONTABLES*

En la nevera **no** queda **ninguna manzana**.
Este año **no** he comido **ningún helado**.

Si el nombre ha sido mencionado antes, las formas **ninguno/ninguna** pueden aparecer solas:

● ¿Has comido muchas manzanas?   ● ¿Has comido muchos helados?
○ No, **no** he comido **ninguna**.   ○ No, **no** he comido **ninguno**.

No he comido ~~ningunas~~.   No he comido ~~ningunos~~.

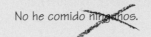

! Atención:
Hay diversos tipos de nombres contables que no siguen esta regla cuando van con el verbo **tener** y similares. En estos casos, el nombre va en singular, sin artículo ni adjetivo.

Con nombres de instalaciones, de servicios o de aparatos, de los que generalmente solo hay uno: **piscina, teléfono, aire acondicionado, aeropuerto, garaje, jardín**...

Con nombres de objetos y de prendas personales, de los que generalmente se tiene uno solo: **ordenador, coche, barba, bigote**...

Con nombres de relaciones personales: **madre, novio, jefe**...

■ Para indicar ausencia total de cosas no contables, por contraste con una determinada cantidad, usamos **nada (de)**.

No + verbo + **nada de** + *NOMBRE NO CONTABLE*

En la nevera **no** queda **nada de** leche.
Llevan mucho arroz y azúcar, pero **nada de** aceite ni **de** sal.

Si el nombre ha sido mencionado antes, se utiliza la forma **nada**.

● ¿Has puesto mucha harina en este pastel?
○ No, no he puesto **nada**.

LA IMPERSONALIDAD: SE + VERBO

■ Cuando el nombre es singular, el verbo va en singular.

Aquí **se** come **un pescado** muy rico.
En estas tierras **se** cultiva **arroz**.

■ Cuando el nombre es plural, el verbo va en plural.

En España **se** public**an muchas novelas** al año.
En este país **se** fabric**an muchos coches**.

■ Cuando no hay nombre, el verbo va en singular.

En España **se cena** tarde.
Aquí **se vive** muy bien.

PEDIR EN UN BAR O EN UN RESTAURANTE

■ Para pedir los platos.

De primero, (quiero) macarrones.　　**De segundo,** (voy a comer) lomo.
De postre, helado de chocolate.　　Y **para beber,** agua sin gas.

■ Para pedir algo que falta.

¿**Me puede traer**

un cuchillo / **un** tenedor / **una** botella de agua...?

un poco más de { pan?
salsa?
agua?
vino? 　*CON NOMBRES NO CONTABLES*

otro { vaso de vino?
café?

　　　　　　　　　CON NOMBRES CONTABLES

otra { cerveza?
ración de jamón?

YA, TODAVÍA / AÚN

■ Para expresar que una situación conocida no ha cambiado, usamos **todavía** o **aún**.

• **¿Todavía** está cerrado? • **¿Aún** está cerrado?
○ Sí, **todavía no** han abierto. ○ Sí, **aún no** han abierto.

Todavía y **aún** pueden ir en dos posiciones.

Todavía no / Aún no ha llegado el tren. *ANTES DEL VERBO*
El tren está parado **todavía / aún**. *DESPUÉS DEL VERBO*

■ Para expresar que una situación conocida ha cambiado, usamos **ya**.

• **¿Ya** ha salido de casa?
○ Sí, **ya** no está.

Ya también puede ir en dos posiciones.

El tren ha llegado **ya**. *DESPUÉS DEL VERBO*
Ya ha llegado el tren. *ANTES DEL VERBO*

INDICAR DÍAS Y FECHAS

PASADOS	*FUTUROS*
ayer	mañana
anteayer / antes de ayer	pasado mañana
el lunes = **el lunes pasado**	el lunes = **el próximo** lunes = **el lunes que viene**
el pasado 16 de julio	**el próximo** 16 de julio

■ Para indicar la fecha no usamos el artículo.

Hoy **es** lunes dos **de** septiembre **de** 1997.
Mañana **es** tres **de** septiembre.

■ Pero cuando preguntamos o hablamos de las fechas en las que pasa o pasará algo, usamos el artículo.

• **¿Cuándo / Qué día** { es tu cumpleaños?
se casa Sara?

○ **El** dos **de** marzo.

Nos vamos de vacaciones **el** 24 de agosto.
Sara se casa **el** sábado 24 de mayo.

INDICAR PERÍODOS

PASADOS	*FUTUROS*
la semana pasada	**la semana que viene / la próxima semana**
el mes pasado	**el mes que viene / el próximo mes**
el verano pasado	**el verano que viene / el próximo verano**
el año pasado	**el año que viene / el próximo año**

INDICAR PARTES DEL DÍA

por la mañana	de día	esta mañana
al mediodía	de noche	esta tarde
por la tarde		esta noche
por la noche		

anoche (= ayer por la noche)
anteanoche (= anteayer por la noche)

REFERIRSE A HORAS

■ Para expresar la hora actual, se usa el artículo **las** (excepto **la una**).

- ¿Qué hora es?
- ○ **Las** cinco / **La** una.

las dos	(en punto)	(de la madrugada)
las cuatro	y cinco	(de la mañana)
las doce	y cuarto	(del mediodía)
las tres	y media	(de la tarde)
las diez	**menos** veinte	(de la noche)
las cinco	**menos cuarto**	(de la mañana)

Para informaciones de servicios públicos (transportes, medios de comunicación, etc.) se usa también la forma numérica.

las veintidós horas	(22h)
las catorce treinta	(14.30h)
las diecinueve cuarenta y cinco	(19.45h)

Para expresar la hora a la que ocurre un acontecimiento o suceso se usa la preposición **a** + **las** (**la**).

- ¿**A qué hora** sale el barco?
- ○ **A las** diez.

- ¿**A qué hora** abre la discoteca?
- ○ **A la** una.

■ Para hablar de los horarios de trabajo o de los de los establecimientos se usan las preposiciones **de... a** o **desde... hasta**.

- ¿Qué horario tiene la biblioteca?
- ○ **De** nueve **a** cinco.

- ¿Cuál es tu horario de trabajo?
- ○ **De** ocho y media **a** seis.

- ¿Cuándo está abierta la escuela?
- ○ **Desde** las nueve **hasta** las cinco.

REFERIRSE A ACCIONES FUTURAS

■ Una de las maneras de expresar la idea de futuro es usar un marcador temporal que indique futuro + Presente de Indicativo. Esta estructura informa sobre una acción futura como parte de un plan ya decidido.

Mañana	**voy** a Múnich.
El mes que viene	**regreso** a Sevilla.
El 15 de julio	**vamos** al teatro.
Esta tarde	**nos reunimos** con María Lourdes.

■ Otra manera de expresar la idea de futuro es usar **IR a** + Infinitivo (con una marca de momento futuro o sin ella). Esta forma expresa los planes o las intenciones que se refieren a acciones futuras.

(yo)	**voy**	
(tú)	**vas**	
(él, ella, usted)	**va**	
(nosotros/as)	**vamos**	**a** + *INFINITIVO*
(vosotros/as)	**vais**	
(ellos, ellas, ustedes)	**van**	

(El próximo año) **vamos a hacer** un viaje por el norte de España.
¿El señor López? Creo que **va a ir** a Madrid mañana.

!

¡Atención!
Hay expresiones con **IR a** + Infinitivo que solo indican la decisión de hacer algo en una acción inmediata.

- ● Ahora está en casa.
- ○ ¿Sí? Pues **vamos a llamarle** por teléfono.

Y hay otras que no indican ni futuro ni intención, y en las que el verbo **IR** conserva su idea de movimiento.

● Andrés está en el hotel.	● ¿Adónde **vas**?
○ Pues **vamos a verlo.** (Vamos al hotel.)	○ **A hacer** footing.

¿Adónde vas?

A hacer footing.

■ También expresamos la idea de futuro con el Futuro de Indicativo (con una marca de momento futuro o sin ella). El Futuro de Indicativo es un tiempo muy regular.

INFINITIVO + TERMINACIONES

(yo)		**-é**
(tú)		**-ás**
(él, ella, usted)	viaj**ar**	**-á**
(nosotros/as)	com**er**	**-emos**
(vosotros/as)	dorm**ir**	**-éis**
(ellos, ellas, ustedes)		**-án**

¿De dónde vienes?

De hacer footing.

PRESENTE	Mañana **escribo** la carta.
PRESENTE DE **IR** + **A** + *INFINITIVO*	**Voy a escribir** la carta.
FUTURO DE INDICATIVO	**Escribiré** la carta.

gente que viaja

ESTAR A PUNTO DE..., ACABAR DE...

Para matizar el momento exacto en que algo sucede o ha sucedido se usan las perífrasis **ESTAR a punto de** + Infinitivo (para expresar un futuro muy inmediato) y **ACABAR de** + Infinitivo (para expresar un pasado muy cercano).

El concierto **está a punto de** empezar.
(= El concierto va a empezar inmediatamente.)

El concierto **acaba de** empezar.
(= El concierto ha empezado hace muy poco tiempo.)

Va a tocar.

Todavía no ha tocado.

REFERENCIAS ESPACIALES

ORIGEN Y DESTINO	de... a... desde... hasta...	**De** Madrid **a** Vic vamos en moto. **Desde** Madrid **hasta** Vic vamos en moto.
DIRECCIÓN	hacia...	Va **hacia** Santiago.
LÍMITE	hasta...	Voy **hasta** La Coruña en coche.
DISTANCIA	estar a... de... estar cerca / lejos de...	Madrid **está a** 450 km **de** Granada. **¿Está lejos** Aranjuez? Mi pueblo **está muy cerca de** aquí.
RUTA	pasar por...	**¿Pasas por** Sevilla para ir a Granada?
VELOCIDAD	a... kilómetros por hora	Va **a** 100 **kilómetros por hora** (100 km/h).

Está a punto de tocar.

Acaba de tocar.

PEDIR INFORMACIÓN Y RESERVAR

Quisiera saber
qué vuelos hay de Madrid a Granada.
a qué hora sale el tren de Burgos.
cómo puedo ir a Astorga.
cuánto cuesta la habitación doble.

si tienen habitaciones libres a partir del 3.
si hay autobuses para Madrid.

el teléfono de Juan García Severo.
su número de fax.

Quisiera reservar
una habitación para la noche del 12.
una mesa para tres personas.
tres billetes Madrid-Amsterdam para el jueves 2.

Ya ha tocado.

LAS ORACIONES DE RELATIVO

■ Las oraciones relativas van sin preposición cuando **que** sustituye a un Sujeto o a un Objeto Directo (excepto los OD con la preposición **a**).

*Es una persona **que** tiene mucha paciencia.*
(Esa persona tiene mucha paciencia.)
*Es un plato **que** comemos mucho en España.*
(Comemos mucho ese plato en España.)

■ Las frases relativas van con preposición cuando **que** sustituye a otro elemento de la frase, un elemento que lleva preposición.

Esa persona tiene mucha paciencia.

Es un lugar   **en el que**
Es una ciudad   **en la que** } *se vive muy bien.*
Es un lugar/una ciudad **donde**
*(**En** ese lugar / **En** esa ciudad se vive muy bien.)*

Es un lugar   **al que**
Es una ciudad   **a la que** } *voy mucho.*
Es un lugar/una ciudad **adonde**
*(**A** ese lugar / **A** esa ciudad voy mucho.)*

Es un lugar   **por el que**
Es una ciudad   **por la que** } *paso cada día.*
Es un lugar/una ciudad **por donde**
*(**Por** ese lugar / **Por** esa ciudad paso cada día.)*

COMPARAR

Madrid: 2 938 723 habitantes
Barcelona: 1 503 884 habitantes

*Madrid tiene **más** habitantes **que** Barcelona.*
*Madrid es **más** grande **que** Barcelona.*

*Barcelona tiene **menos** habitantes **que** Madrid.*
*Barcelona es **más** pequeña **que** Madrid.*

■ Hay algunas formas especiales.

más ~~bueno/a~~ ⟶ **mejor**   *Lo **mejor** es vivir en el campo.*
más ~~malo/a~~ ⟶ **peor**   *Es **peor** vivir en la ciudad.*

más ~~grande~~ ⟶ **mayor** *PARA LA EDAD*   *Ana es **mayor** que mi padre.*
más ~~pequeño/a~~ ⟶ **menor**   *Rául es **menor** que su novia.*

Cuando hablamos de tamaño se pueden usar las dos formas: **mayor** o **más grande** y **menor** o **más pequeño**.

■ Superlativos.

*Madrid es **la** ciudad **más** grande de España.*
*El Ebro es **el** río **más** caudaloso de España.*

IGUALDAD / DESIGUALDAD: **TAN, TANTO/A/OS/AS, MISMO/A/OS/AS**

■ Con nombres, las formas son variables: **tanto/a/os/as... como.**

Villarriba
- (**no**) tiene **tanto** turismo rural **como**
- (**no**) tiene **tanta** contaminación **como**
- (**no**) tiene **tantos** restaurantes **como**
- (**no**) tiene **tantas** zonas verdes **como**

Villabajo.

> Son dos regiones muy diferentes.
>
> Claro, no tienen el mismo clima.

■ Con verbos, la forma es invariable: **tanto... como.**

María (**no**) duerme **tanto como** Laura.

■ Con adjetivos, la forma es invariable: **tan... como.**

María es **tan** trabajadora **como** Laura.

■ También se puede expresar igualdad con el adjetivo **mismo/a/os/as.**

Los dos locales tienen **el mismo** tamaño.
Anabel y Héctor tienen **la misma** edad.
Las dos empresas tienen **los mismos** problemas.
Los dos hermanos tienen **las mismas** ideas.

HABLAR DEL CLIMA

Tiene un clima
- muy duro / suave / agradable.
- mediterráneo / continental / tropical / templado.

En
- verano   (no) llueve / llueve mucho.
- invierno   (no) nieva.
- primavera (no) hace frío / calor / sol / buen tiempo / mal tiempo/...
- otoño   hay niebla / tormentas/...

> ¿Qué tiempo hace por ahí?
>
> Horrible. Hace muy mal tiempo. No para de llover.
>
> Pues aquí hace bueno.

ME GUSTA / ME GUSTARÍA

■ Para expresar gustos usamos el verbo **gustar** en Presente.

Me gusta mucho este barrio.

■ Para expresar deseos, solemos usar el Condicional **gustaría.**

Me gustaría vivir en este barrio.
comprar un piso.

■ También usamos **gustaría** para rechazar cortésmente una invitación.

Me gustaría poder ir con vosotros pero hoy no puedo.

> ¿Vienes al cine con nosotros?
>
> Me gustaría, pero no puedo.

EXPRESAR Y CONTRASTAR OPINIONES

■ Para dar una opinión, podemos usar:

> Para mí,
> Yo pienso que   } + OPINIÓN
> A mí me parece que   se necesita una guardería nueva.
> Yo creo que

	PENSAR
(yo)	pienso
(tú)	piensas
(él, ella, usted)	piensa
(nosotros/as)	pensamos
(vosotros/as)	pensáis
(ellos, ellas, ustedes)	piensan

■ Ante las opiniones de otros, podemos mostrar acuerdo, desacuerdo y añadir argumentos.

> Yo (no) **estoy de acuerdo con** lo que ha dicho Juan.
> contigo.
> con eso.
> Sí, **tienes razón.**
>
> Sí, claro,
> Eso es verdad, pero   } + OPINIÓN
> Bueno,

!

Para referirnos a lo inmediatamente dicho por otros se usa **eso.**

> Eso { no es verdad.
>   es una tontería.
>   está bien.

■ Para establecer prioridades:

> Lo más { grave
>   urgente   INFINITIVO
>   importante   es   solucionar el problema de la guardería.
>   necesario
>   NOMBRES
>   es   la guardería nueva.
>   son las guarderías nuevas.

> Es { importantísimo
>   fundamental
>   urgente   construir una guardería nueva.
>   necesario

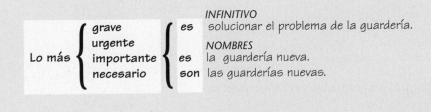

LAS PREPOSICIONES DE, CON, SIN

un piso **de** 100 metros cuadrados
un pueblo **de** 160 habitantes

una casa **con** jardín
un piso **con** terraza
una habitación **con** ventanas

un piso **sin** vistas
un barrio **sin** zonas verdes
una calle **sin** ruido

Un piso sin vistas.

¿DÓNDE?

● **¿Dónde** viven sus padres?
○ **En** Sevilla.

● **¿Adónde** vais este verano?
○ **A** la Costa del Sol.

● **¿De dónde** vienes tan tarde?
○ **De** una reunión con mi jefe.

● **¿Por dónde** habéis venido?
○ **Por** la autopista.

¡QUÉ... TAN...! / ¡QUÉ... MÁS...!

		SUSTANTIVO		ADJETIVO
Es un proyecto muy interesante.	**¡Qué**	proyecto	**tan**	interesante!
Son unos chiquillos muy majos.	**¡Qué**	chiquillos	**tan**	majos!

¡Qué hombre!

■ Otra estructura parecida para expresar la misma idea:

¡**Qué** proyecto **más** interesante!   ¡**Qué** chiquillos **más** majos!

(NO) ME VA BIEN

■ Usamos **ir bien** para ponernos de acuerdo en una fecha, una hora o un lugar.

● **¿Te va bien** a las cinco?
○ No, a las cinco **no puedo**. Tiene que ser a las seis.
  A las cinco **no me va muy bien**. Mejor un poco más tarde, a las seis.

■ La expresión **ir bien** funciona sintácticamente como el verbo **gustar**.

(A mí)	**Me**	
(A ti)	**Te**	
(A él, ella, usted)	**Le**	
(A nosotros/as)	**Nos**	**va bien** el 12 / el miércoles / a las seis...
(A vosotros/as)	**Os**	
(A ellos, ellas, ustedes)	**Les**	

ESTAR + GERUNDIO

El Gerundio es una forma que aparece normalmente con otros verbos. Su uso más frecuente es la forma **estar** + Gerundio, que sirve para presentar de forma concreta una acción actual durante su desarrollo.

(yo)	**estoy**	
(tú)	**estás**	
(él, ella, usted)	**está**	
(nosotros/as)	**estamos**	} trabajando
(vosotros/as)	**estáis**	
(ellos, ellas, ustedes)	**están**	

- ¿Está Juan?
- Todavía **está durmiendo**.

■ Gerundios irregulares más frecuentes:

LEER → **leyendo**   SEGUIR → **siguiendo**   PEDIR → **pidiendo**

OÍR → **oyendo**   DORMIR → **durmiendo**

■ A diferencia de lo que pasa en otros idiomas, en español el Gerundio no se usa como sujeto. Para esta función se utiliza el Infinitivo.

Conocer nuevos países   ~~Conociendo nuevos países~~
es muy interesante.   ~~es muy interesante.~~

IMPERATIVO

FORMAS REGULARES

	TOMAR	BEBER	SUBIR
(tú)	toma	bebe	sube
(vosotros/as)	tomad	bebed	subid
(usted)	tome	beba	suba
(ustedes)	tomen	beban	suban

FORMAS IRREGULARES

	PONER	SER	IR	DECIR	SALIR	VENIR	TENER	HACER
(tú)	pon	sé	ve	di	sal	ven	ten	haz

■ Los pronombres OD, OI y reflexivos (**me, te, lo, la, nos, os, los, las, le, les** y **se**) se ponen detrás del verbo en Imperativo, formando una sola palabra.

Miradlo, allí está.   Pasa, pasa y **siéntate**.   **Dame** ese periódico.

■ Al unir un pronombre al Imperativo se producen algunas modificaciones.

Aparece una tilde cuando la palabra se convierte en esdrújula.

Mira ⟶ **Mírate** en el espejo.

Se pierde la **-d** final delante del pronombre **os**.

Mirad ⟶ **Miraos** en el espejo.

Mírate en el espejo.

gente en casa

■ Mirad　　**Miraos** en el espejo.
Si hay dos pronombres, el orden es OI + OD. Cuando los dos pronombres son de tercera persona, **le** y **les** se convierten en **se**.

● ¿Puedo llevarme estas fotos?
○ Sí, pero luego devuélve**melas**.

● ¿Quieres estos documentos?
○ No, dá**selos** a Juan.

■ Usamos el Imperativo con diversas intenciones.

Para ofrecer cosas o para invitar.

Toma un poco más de café.
Ponte un poco más de sopa.

Para dar instrucciones.

● ¿Para llamar por teléfono al extranjero?
○ **Marca** primero el OO y luego **marca** el prefijo del país.

Para dar órdenes y pedir que los demás hagan algo.

Llama al Director, por favor.
Por favor, **dígale** que he llamado.
Carlos, guapo, **ayúdame** a llevar esto.

Para dar permiso.

● ¿Puedo llamar por teléfono desde aquí?
○ Sí, claro. **Llama, llama.**

❗

Observa:
Para dar permiso, repetimos varias señales afirmativas.
● ¿Puedo mirar estas fotos?
○ **Sí, claro, míralas.**

Para llamar la atención del interlocutor en algunas fórmulas muy frecuentes en las conversaciones:

Al hacer presentaciones.

Mira, te presento a Julia.
Mire, le presento al señor Barrios.

Al introducir una pregunta.

Oye, ¿sabes dónde está el Museo Nacional?
Oiga, ¿sabe dónde está el Museo Nacional?

Al entregar un objeto.

Toma, esto es para ti.

HABLAR POR TELÉFONO

■ Responder.

● ¿Sí? / Diga.

(!)

En algunas partes de Latinoamérica:
● ¿Aló?
○ ¿**Se encuentra** el Sr. Gutiérrez?
● **No,** en este momento **no se encuentra.**

■ Preguntar por alguien.

● ¿**Está** Alexis?
¿Alexis?
¿Puedo hablar con Alexis?
Quería hablar con Alexis.

■ Identificar e identificarse.

○ Sí, soy yo.

○ ¿De parte de quién?
● **De** Julián Rueda.
Soy Paquita.
su marido.
su hija.

¿Está el señor Valcárcel?

Sí, pero en este momento no lo puede recibir. Está reunido.

■ Recados.

● ¿Le digo algo?
¿Quiere/s dejarle algún recado?

○ Dile que he llamado.
Dígale que he llamado.
No, gracias. **Yo lo/la llamo** luego / más tarde / en otro momento...

● Vale, se lo digo.

HACER INVITACIONES

¿Por qué no { vienes/viene a tomar café mañana?
venís/vienen a comer este fin de semana?

Mira, **te llamaba para** invitarte a casa este fin de semana.

En muchas ocasiones damos una explicación para nuestra invitación. Esta explicación puede ir introducida por **así.**

¿**Por qué no** venís a vernos el sábado? **Así** conocéis a mis hermanos.
Así os enseñamos la casa nueva.

OFRECER Y ACEPTAR COSAS

CON EL IMPERATIVO • **Toma** un poco más de tarta.

CON UNA PREGUNTA • **¿No quieres** un poco más de tarta?
 ¿Queréis tomar algo: una cerveza, un zumo...?

SIN VERBO • ¿Un poco más de tarta?

 o **Sí, voy a tomar / tomaré un poco más.** Está muy rica.
 No, gracias. Está muy rica, **pero no quiero más.**

■ Insistir en el ofrecimiento es, en español, una cortesía obligada.
Algunos invitados esperan esta segunda invitación antes de aceptar.

 • Venga, sí, toma un poquito más.
 ¿De verdad? ¿No quieres un poquito más?
 o Bueno, ya que insistes...
 Bueno, si insistes...

SALUDAR Y DESPEDIRSE

• Hola, ¿qué tal?
o Muy bien, ¿y tú?
 ¿y usted?
• Muy bien, gracias.

HASTA EL ALMUERZO	DESPUÉS DEL ALMUERZO	A PARTIR DEL ANOCHECER O DE LA CENA
Buenos días	Buenas tardes	Buenas noches

¡Adiós!

¡Hasta { luego!
 mañana!
 el domingo!
 pronto!

HACER PRESENTACIONES

• Mira/Mire, **esta es** Gloria, una amiga.
 te/le presento a Gloria, una amiga.
 Mirad/miren, **os/les presento a** la Señora Gaviria.
o Mucho gusto.
 Encantado/a.
 Hola, ¿qué tal?

HACER CUMPLIDOS

¿Qué tal { tus padres?
 tu hija?
 su marido?

Dale/Dales }
Dele/Deles } recuerdos de mi parte.

EL PRETÉRITO INDEFINIDO

■ Verbos regulares.

	- AR TERMINAR	-ER CONOCER	-IR VIVIR
(yo)	terminé	conocí	viví
(tú)	terminaste	conociste	viviste
(él, ella, usted)	terminó	conoció	vivió
(nosotros/as)	terminamos	conocimos	vivimos
(vosotros/as)	terminasteis	conocisteis	vivisteis
(ellos, ellas, ustedes)	terminaron	conocieron	vivieron

■ Verbos irregulares más frecuentes.

	SER	IR
(yo)	fui	fui
(tú)	fuiste	fuiste
(él, ella, usted)	fue	fue
(nosotros/as)	fuimos	fuimos
(vosotros/as)	fuisteis	fuisteis
(ellos, ellas, ustedes)	fueron	fueron

> ¿Y cuándo la conociste?
>
> Cuando fui a Berlín.

Muchos indefinidos irregulares tienen un cambio de sílaba tónica: en la primera persona singular (**yo**) y en la tercera singular (**él, ella, usted**) el acento no recae en la terminación sino en la raíz.

~~tuvé, tuvó~~   tuve, tuvo
~~viné, vinó~~   vine, vino
...

Los verbos irregulares en Indefinido tienen una raíz irregular y, normalmente, estas terminaciones:

(yo)	-e
(tú)	-iste
(él, ella, usted)	-o
(nosotros/as)	-imos
(vosotros/as)	-isteis
(ellos, ellas, ustedes)	-ieron

PODER:	pud-	VENIR:	vin-
PONER:	pus-	ESTAR:	estuv-
QUERER:	quis-	SABER:	sup-
TENER:	tuv-		

	HACER	DECIR	DAR
(yo)	hice	dije	di
(tú)	hiciste	dijiste	diste
(él, ella, usted)	hizo	dijo	dio
(nosotros/as)	hicimos	dijimos	dimos
(vosotros/as)	hicisteis	dijisteis	disteis
(ellos, ellas, ustedes)	hicieron	dijeron*	dieron

*Casi todos los verbos acabados en -er e -ir hacen la 3ª persona del plural en -ieron; decir y algunos otros verbos acabados en -cir la hacen en -eron.

EL PRETÉRITO IMPERFECTO

	-AR	-ER	-IR	
	HABLAR	TENER	VIVIR	
(yo)	hablaba	tenía	vivía	
(tú)	hablabas	tenías	vivías	
(él, ella, usted)	hablaba	tenía	vivía	REGULARES
(nosotros/as)	hablábamos	teníamos	vivíamos	
(vosotros/as)	hablabais	teníais	vivíais	
(ellos, ellas, ustedes)	hablaban	tenían	vivían	

	SER	IR	
(yo)	era	iba	
(tú)	eras	ibas	
(él, ella, usted)	era	iba	IRREGULARES
(nosotros/as)	éramos	íbamos	
(vosotros/as)	erais	ibais	
(ellos, ellas, ustedes)	eran	iban	

CONTRASTE ENTRE LOS TIEMPOS DEL PASADO

■ Contraste entre el Perfecto y el Indefinido, y el Imperfecto.

El Pretérito Indefinido y el Pretérito Perfecto presentan la información como acontecimiento.

> Ayer **llovió.** Y esta mañana **ha llovido** otra vez.
> Ayer por la noche **estuvimos** en un restaurante muy bueno.

El Pretérito Imperfecto presenta la información como circunstancia de otra acción que va en Indefinido o en Perfecto.

> **Fuimos** al cine por la noche y al salir, **llovía.**
> Esta mañana no **he salido** de casa. **Llovía** otra vez.
> **Estábamos** en un restaurante muy bueno y **llegó** Paqui.

■ Contraste entre Perfecto e Indefinido.

El Pretérito Indefinido va, generalmente, con estos marcadores:

ayer	anteayer
anoche	el otro día
el lunes / martes...	el (día) 6 / 21 /...
la semana pasada	el mes pasado
el año pasado	

El Pretérito Perfecto va, generalmente, con estos marcadores (que incluyen el "ahora" del que habla):

hoy	esta mañana / tarde...
esta semana	este mes
este verano / otoño/...	este año

> ¿Viste ayer a Pedro?
> No, lo he visto hoy.

! El contraste Perfecto / Indefinido varía mucho según los países e incluso según las regiones. En Latinoamérica y en muchas zonas de España está mucho más extendido el uso del Indefinido que el del Perfecto.

El contraste entre Perfecto e Indefinido, e Imperfecto es mucho más generalizado y se hace igual en todos los países.

LOS USOS DEL IMPERFECTO

■ Describir circunstancias en un relato, referidas a diversos aspectos.

Características del contexto en el que sucede el hecho que relatamos, como la hora, la fecha, el lugar, el tiempo, etc.

¿Qué te ha pasado?

Eran las nueve.   **Era** de noche.
Hacía mucho frío y **llovía.**   **Estábamos** cerca de Madrid.

Estado y descripción de las personas que hablan o de las que se habla.

Estaba muy cansado.   Me **encontraba** mal.   Yo no **llevaba** gafas.

Existencia de cosas en torno al hecho que relatamos.

Había mucho tráfico.   **Había** un camión parado en la carretera.

■ Expresar contraste entre el estado actual y estados anteriores.

Tuve un accidente de coche.

No me digas... ¿Cómo fue?

Ahora hablo español y catalán. Antes solo **hablaba** francés.
Antes **tenía** muchos amigos. Ahora solo tengo dos o tres.

■ Describir hábitos en el pasado.

Cuando era niño, **íbamos** a la escuela a pie, no había transporte escolar.
Antes no **salía** nunca de noche, no me **gustaba.**

■ Manifestar sorpresa al recibir una información desconocida.

Pues era un domingo, era de noche y yo estaba muy cansado y había un camión parado y... ¡zas!

¿Estás embarazada? No lo **sabía.**
¡No **tenía** ni idea!

Contar la información que se tenía.

Yo creía que **eras** argentino.

■ Disculparse por estar mal informado.

Yo **pensaba** que no **había** que venir personalmente.

■ Como fórmula de cortesía para suavizar nuestra postura.

Quería comentarte una cosa (= quiero)
Venía a ver si ha llegado mi certificado. (= vengo)

gente e historias

FECHAR ACONTECIMIENTOS

- ●¿Qué día nació su hija?
- ○**El (día)** 14 de agosto de 1992.
- ●¿Cuándo terminó los estudios?
- ○**En el** 94.

- ●¿Cuándo llegaste a España?
- ○**En** marzo de 1992.
- ●¿En qué año se casó?
- ○**En** 1985.

SITUAR ACONTECIMIENTOS EN LA BIOGRAFÍA DE UNA PERSONA

a los cinco años...
cuando tenía cinco años / meses / semanas...

cuando era niño / joven / soltero / estudiante...
de niño / joven / soltero / estudiante / mayor...

cuando { **terminó** los estudios...
cumplió los 18 años...

al { **terminar** los estudios...
cumplir los 18 años...

RELACIONAR ACONTECIMIENTOS

Antes de ir a Roma fui a Milán.

¿Y luego?

■ Para presentar consecuencias podemos usar **así que** y **por eso**.

Su familia era humilde, **así que** tuvo que trabajar para pagarse los estudios.
Empezó a llover, **por eso** anularon el concierto.

■ Para marcar un orden usamos **antes (de)**, **después (de)** y **luego**.

Fui a la facultad, pero **antes** estuve en la biblioteca.
Estuve en la biblioteca y { **después** fui a la facultad.
luego volví a casa.

Antes de + *INFINITIVO*   **Antes de** ir a la facultad, estuve en la biblioteca.

Después de + *INFINITIVO*   **Después de** estar en la biblioteca, fui a la facultad.

ENTONCES

Es un conector de uso muy frecuente que sirve para:

■ referirse a un periodo ya mencionado.

Me fui a vivir a Italia en el 71. **Entonces** (= en aquella época) yo era muy joven.

■ sacar conclusiones de lo dicho.

- ●Ayer Lola tenía una reunión por la noche.
- ○**Entonces** no fue a la cena.
- ●No, no pudo.

■ preguntar por las consecuencias.

- ●No hay nadie y yo no tengo las llaves.
- ○¿Y **entonces** qué hacemos?

Consultorio verbal

VERBOS REGULARES

INFINITIVO PARTICIPIO	PRESENTE	PRETÉRITO IMPERFECTO	PRETÉRITO INDEFINIDO	PRETÉRITO PERFECTO *PRESENTE DE HABER*	*+ PARTICIPIO**
1. ESTUDIAR estudiado	estudio	estudiaba	estudié	he	estudiado
	estudias	estudiabas	estudiaste	has	estudiado
	estudia	estudiaba	estudió	ha	estudiado
	estudiamos	estudiábamos	estudiamos	hemos	estudiado
	estudiáis	estudiabais	estudiasteis	habéis	estudiado
	estudian	estudiaban	estudiaron	han	estudiado

INFINITIVO PARTICIPIO	PRESENTE	PRETÉRITO IMPERFECTO	PRETÉRITO INDEFINIDO	PRETÉRITO PERFECTO *PRESENTE DE HABER*	*+ PARTICIPIO**
2. COMER comido	como	comía	comí	he	comido
	comes	comías	comiste	has	comido
	come	comía	comió	ha	comido
	comemos	comíamos	comimos	hemos	comido
	coméis	comíais	comisteis	habéis	comido
	comen	comían	comieron	han	comido

INFINITIVO PARTICIPIO	PRESENTE	PRETÉRITO IMPERFECTO	PRETÉRITO INDEFINIDO	PRETÉRITO PERFECTO *PRESENTE DE HABER*	*+ PARTICIPIO**
3. VIVIR vivido	vivo	vivía	viví	he	vivido
	vives	vivías	viviste	has	vivido
	vive	vivía	vivió	ha	vivido
	vivimos	vivíamos	vivimos	hemos	vivido
	vivís	vivíais	vivisteis	habéis	vivido
	viven	vivían	vivieron	han	vivido

*PARTICIPIOS IRREGULARES

abrir	abierto	**freír**	freído/frito	**poner**	puesto
cubrir	cubierto	**hacer**	hecho	**romper**	roto
decir	dicho	**ir**	ido	**ver**	visto
escribir	escrito	**morir**	muerto	**volver**	vuelto

verbos irregulares

VERBOS IRREGULARES

Infinitivo Participio	Presente	Imperfecto	Indefinido	Infinitivo Participio	Presente	Imperfecto	Indefinido
4. ACTUAR actuado	actúo actúas actúa actuamos actuáis actúan	actuaba actuabas actuaba actuábamos actuabais actuaban	actué actuaste actuó actuamos actuasteis actuaron	**5.** ANDAR andado	ando andas anda andamos andáis andan	andaba andabas andaba andábamos andabais andaban	anduve anduviste anduvo anduvimos anduvisteis anduvieron
6. BUSCAR buscado	busco buscas busca buscamos buscáis buscan	buscaba buscabas buscaba buscábamos buscabais buscaban	busqué buscaste buscó buscamos buscasteis buscaron	**7.** CAER caído	caigo caes cae caemos caéis caen	caía caías caía caíamos caíais caían	caí caíste cayó caímos caísteis cayeron
8. COGER cogido	cojo coges coge cogemos cogéis cogen	cogía cogías cogía cogíamos cogíais cogían	cogí cogiste cogió cogimos cogisteis cogieron	**9.** CONDUCIR conducido	conduzco conduces conduce conducimos conducís conducen	conducía conducías conducía conducíamos conducíais conducían	conduje condujiste condujo condujimos condujisteis condujeron
10. CONOCER conocido	conozco conoces conoce conocemos conocéis conocen	conocía conocías conocía conocíamos conocíais conocían	conocí conociste conoció conocimos conocisteis conocieron	**11.** CONTAR contado	cuento cuentas cuenta contamos contáis cuentan	contaba contabas contaba contábamos contabais contaban	conté contaste contó contamos contasteis contaron
12. DAR dado	doy das da damos dais dan	daba dabas daba dábamos dabais daban	di diste dio dimos disteis dieron	**13.** DECIR dicho	digo dices dice decimos decís dicen	decía decías decía decíamos decíais decían	dije dijiste dijo dijimos dijisteis dijeron
14. DISTINGUIR distinguido	distingo distingues distingue distinguimos distinguís distinguen	distinguía distinguías distinguía distinguíamos distinguíais distinguían	distinguí distinguiste distinguió distinguimos distinguisteis distinguieron	**15.** DORMIR dormido	duermo duermes duerme dormimos dormís duermen	dormía dormías dormía dormíamos dormíais dormían	dormí dormiste durmió dormimos dormisteis durmieron
16. ENVIAR enviado	envío envías envía enviamos enviáis envían	enviaba enviabas enviaba enviábamos enviabais enviaban	envié enviaste envió enviamos enviasteis enviaron	**17.** ESTAR estado	estoy estás está estamos estáis están	estaba estabas estaba estábamos estabais estaban	estuve estuviste estuvo estuvimos estuvisteis estuvieron

VERBOS IRREGULARES

INFINITIVO PARTICIPIO	PRESENTE	IMPERFECTO	INDEFINIDO	INFINITIVO PARTICIPIO	PRESENTE	IMPERFECTO	INDEFINIDO
18. HABER habido	he	había	hube	**19.** HACER hecho	hago	hacía	hice
	has	habías	hubiste		haces	hacías	hiciste
	ha	había	hubo		hace	hacía	hizo
	hemos	habíamos	hubimos		hacemos	hacíamos	hicimos
	habéis	habíais	hubisteis		hacéis	hacíais	hicisteis
	han	habían	hubieron		hacen	hacían	hicieron
20. INCLUIR incluido	incluyo	incluía	incluí	**21.** IR ido	voy	iba	fui
	incluyes	incluías	incluiste		vas	ibas	fuiste
	incluye	incluía	incluyó		va	iba	fue
	incluímos	incluíamos	incluimos		vamos	íbamos	fuimos
	incluís	incluíais	incluisteis		vais	ibais	fuisteis
	incluyen	incluían	incluyeron		van	iban	fueron
22. JUGAR jugado	juego	jugaba	jugué	**23.** LEER leído	leo	leía	leí
	juegas	jugabas	jugaste		lees	leías	leíste
	juega	jugaba	jugó		lee	leía	leyó
	jugamos	jugábamos	jugamos		leemos	leíamos	leímos
	jugáis	jugabais	jugasteis		leéis	leíais	leísteis
	juegan	jugaban	jugaron		leen	leían	leyeron
24. LLEGAR llegado	llego	llegaba	llegué	**25.** MOVER movido	muevo	movía	moví
	llegas	llegabas	llegaste		mueves	movías	moviste
	llega	llegaba	llegó		mueve	movía	movió
	llegamos	llegábamos	llegamos		movemos	movíamos	movimos
	lllegáis	llegabais	llegasteis		movéis	movíais	movisteis
	llegan	llegaban	llegaron		mueven	movían	movieron
26. OÍR oído	oigo	oía	oí	**27.** PENSAR pensado	pienso	pensaba	pensé
	oyes	oías	oíste		piensas	pensabas	pensaste
	oye	oía	oyó		piensa	pensaba	pensó
	oímos	oíamos	oímos		pensamos	pensábamos	pensamos
	oís	oíais	oísteis		pensáis	pensabais	pensasteis
	oyen	oían	oyeron		piensan	pensaban	pensaron
28. PERDER perdido	pierdo	perdía	perdí	**29.** PODER podido	puedo	podía	pude
	pierdes	perdías	perdiste		puedes	podías	pudiste
	pierde	perdía	perdió		puede	podía	pudo
	perdemos	perdíamos	perdimos		podemos	podíamos	pudimos
	perdéis	perdíais	perdisteis		podéis	podíais	pudisteis
	pierden	perdían	perdieron		pueden	podían	pudieron
30. PONER puesto	pongo	ponía	puse	**31.** QUERER querido	quiero	quería	quise
	pones	ponías	pusiste		quieres	querías	quisiste
	pone	ponía	puso		quiere	quería	quiso
	ponemos	poníamos	pusimos		queremos	queríamos	quisimos
	ponéis	poníais	pusisteis		queréis	queríais	quisisteis
	ponen	ponían	pusieron		quieren	querían	quisieron

VERBOS IRREGULARES

INFINITIVO PARTICIPIO	PRESENTE	IMPERFECTO	INDEFINIDO	INFINITIVO PARTICIPIO	PRESENTE	IMPERFECTO	INDEFINIDO
32. REÍR reído	río ríes ríe reímos reís ríen	reía reías reía reíamos reíais reían	reí reíste rió reímos reísteis rieron	**33.** REUNIR reunido	reúno reúnes reúne reunimos reunís reúnen	reunía reunías reunía reuníamos reuníais reunían	reuní reuniste reunió reunimos reunisteis reunieron
34. SABER sabido	sé sabes sabe sabemos sabéis saben	sabía sabías sabía sabíamos sabíais sabían	supe supiste supo supimos supisteis supieron	**35.** SALIR salido	salgo sales sale salimos salís salen	salía salías salía salíamos salíais salían	salí saliste salió salimos salisteis salieron
36. SENTIR sentido	siento sientes siente sentimos sentís sienten	sentía sentías sentía sentíamos sentíais sentían	sentí sentiste sintió sentimos sentisteis sintieron	**37.** SER sido	soy eres es somos sois son	era eras era éramos erais eran	fui fuiste fue fuimos fuisteis fueron
38. SERVIR servido	sirvo sirves sirve servimos servís sirven	servía servías servía servíamos servíais servían	serví serviste sirvió servimos servisteis sirvieron	**39.** TENER tenido	tengo tienes tiene tenemos tenéis tienen	tenía tenías tenía teníamos teníais tenían	tuve tuviste tuvo tuvimos tuvisteis tuvieron
40. TRAER traído	traigo traes trae traemos traéis traen	traía traías traía traíamos traíais traían	traje trajiste trajo trajimos trajisteis trajeron	**41.** UTILIZAR utilizado	utilizo utilizas utiliza utilizamos utilizáis utilizan	utilizaba utilizabas utilizaba utilizábamos utilizabais utilizaban	utilicé utilizaste utilizó utilizamos utilizasteis utilizaron
42. VALER valido	valgo vales vale valemos valéis valen	valía valías valía valíamos valíais valían	valí valiste valió valimos valisteis valieron	**43.** VENCER vencido	venzo vences vence vencemos vencéis vencen	vencía vencías vencía vencíamos vencíais vencían	vencí venciste venció vencimos vencisteis vencieron
44. VENIR venido	vengo vienes viene venimos venís vienen	venía venías venía veníamos veníais venían	vine viniste vino vinimos vinisteis vinieron	**45.** VER visto	veo ves ve vemos veis ven	veía veías veía veíamos veíais veían	vi viste vio vimos visteis vieron

ÍNDICE DE VERBOS DE **GENTE 1 NUEVA EDICIÓN**

La siguiente lista recoge los verbos que aparecen en *Gente 1 nueva edición*. Junto a cada verbo aparece un número, que indica el modelo de verbo, es decir, la manera de conjugar ese verbo.

abandonar, 1	circular, 1	demostrar, 11	formular, 1	nadar, 1	remitir, 3
abrir, 3*	clasificar, 6	depender, 2	frecuentar, 1	navegar, 24	remover, 25
aburrirse, 3	cobrar, 1	desaparecer, 10	freír, 32*	necesitar, 1	repasar, 1
acabar, 1	cocinar, 1	desayunar, 1	fugarse, 24	observar, 1	representar, 1
acampar, 1	coger, 8	descansar, 1	fumar, 1	obtener, 39	reservar, 1
aceptar, 1	coincidir, 3	describir, 3*	funcionar, 1	ofrecer, 10	resumir, 3
acercarse, 6	coleccionar, 1	descubrir, 3*	fundar, 1	oír, 26	retirar(se), 1
acoger, 8	colocar, 6	descuidar, 1	ganar, 1	olvidar, 1	reunir, 33
acompañar, 1	combinar, 1	despedirse, 38	gastar, 1	opinar, 1	rodar, 11
aconsejar, 1	comentar, 1	despertarse, 27	girar, 1	ordenar, 1	rodear, 1
acordar, 11	comer, 2	destinar, 1	gobernar, 27	organizar, 41	romper, 2*
acostarse, 11	comparar, 1	dictar, 1	grabar, 1	pagar, 24	saber, 34
acostumbrarse,1	completar, 1	discutir, 3	guardar, 1	parecer, 10	sacar, 6
actuar, 4	comprar, 1	disfrutar, 1	gustar, 1	participar, 1	salar, 1
adaptarse, 1	comprender, 2	disponer, 30	haber, 18	pasar, 1	salir, 35
adecuarse, 1	comprobar, 11	distinguir, 14	hablar, 1	pasear, 1	saltar, 1
adelgazar, 41	comunicar, 6	distribuir, 20	hacer, 19	pedir, 38	saludar, 1
adivinar, 1	conectar, 1	divorciarse, 1	hallarse, 1	pegar(se), 24	seguir, 38
admirar, 1	confesar, 27	doblar, 1	hervir, 36	pelar, 1	seleccionar, 1
admitir, 3	confirmar, 1	doler, 25	hundir, 3	pensar, 27	sentar(se), 27
adoptar, 1	conjugar, 24	dominar, 1	identificar, 6	perder, 28	sentir, 36
afeitarse, 1	conocer, 10	dormir(se), 15	imaginar, 1	perfeccionar, 1	señalar, 1
afirmar, 1	conseguir, 38	ducharse, 1	importar, 1	permitir, 3	ser, 37
agonizar, 41	conservar, 1	echar, 1	incluir, 20	pertenecer, 10	servir, 38
agregar, 24	consistir, 3	elaborar, 1	indicar, 6	pescar, 6	significar, 6
ahorrar, 1	construir, 20	elegir, 38	informar(se), 1	picar, 6	simular, 1
alcanzar, 41	consultar, 1	empezar, 27	inscribir, 3*	pintar, 1	situar, 4
alojarse, 1	consumir, 3	encantar, 1	instalar, 1	poder, 29	solicitar, 1
alquilar, 1	contaminar, 1	encargar(se), 24	intentar, 1	poner, 30	sonar, 11
andar, 5	contar, 11	encontrar, 11	interesar(se), 1	ponerse, 30	subir, 3
anotar, 1	contener, 39	enfadarse, 1	interrumpir, 3	practicar, 6	subrayar, 1
anular, 1	contestar, 1	engordar, 1	intervenir, 44	precisar, 1	suceder, 2
añadir, 3	contrastar, 1	enseñar, 1	invertir, 36	preferir, 36	sufrir, 3
aparecer, 10	contribuir, 20	entender, 28	invitar, 1	preguntar, 1	superar, 1
apetecer, 10	controlar, 1	entrar, 1	ir, 21	preocuparse, 1	suponer, 30
aportar, 1	convencer, 43	entregar, 24	jubilarse, 1	preparar, 1	tardar, 1
apoyar, 1	convenir, 44	entrevistar, 1	jugar, 22	presentar(se), 1	tener, 39
apreciar, 1	convertir(se), 36	enviar, 16	juntar, 1	probar(se), 11	terminar, 1
aprender, 2	corregir, 38	equivocarse, 6	justificar, 6	producir, 9	tocar, 6
aprovechar, 1	correr, 2	escenificar, 6	lanzar, 41	progresar, 1	tomar, 1
asar, 1	corresponder, 2	escribir, 3*	leer, 23	prohibir, 3	trabajar, 1
asesinar, 1	cortar, 1	escuchar, 1	levantar(se), 1	pronunciar, 1	traer, 40
asignar, 1	costar, 11	escurrir, 3	liderar, 1	proponer, 30	transcurrir, 3
asociar, 1	crear, 1	esquiar, 16	luchar, 1	provocar, 6	transmitir, 3
atender, 28	crecer, 10	establecer, 10	llamar(se), 1	publicar, 6	tratar, 1
aumentar, 1	creer, 23	estar, 17	llegar, 24	quedar, 1	tutear, 1
averiguar, 1	criticar, 6	estimar, 1	llorar, 1	querer, 31	unir, 3
ayudar, 1	cruzar, 41	estirar, 1	llover, 25	quitar, 1	usar, 1
bailar, 1	cuantificar, 6	estudiar, 1	(unipersonal)	realizar, 41	utilizar, 41
bajar, 1	cubrir, 3*	evitar, 1	madrugar, 24	recibir, 3	valer, 42
bañarse, 1	cuidar, 1	existir, 3	mandar, 1	recomendar, 27	valorar, 1
batir, 3	curar, 1	explicar, 6	mantener(se), 39	reconocer, 10	vencer, 43
beber, 2	charlar, 1	exponer, 30	marcar, 6	reconstruir, 20	vender, 2
buscar, 6	dar, 12	exportar, 1	mencionar, 1	recordar, 11	ver, 45
caer, 7	debatir, 3	expresar, 1	merendar, 27	recorrer, 2	viajar, 1
calentar, 27	deber, 2	extraer, 40	mezclar, 1	redactar, 1	vivir, 3
cambiar(se), 1	decidir, 3	fabricar, 6	mirar, 1	reducir, 9	volar, 11
cantar, 1	decir, 13	facilitar, 1	modificar, 6	referirse, 36	volver, 25
casarse, 1	declarar, 1	faltar, 1	molestarse, 1	regalar, 1	votar, 1
celebrar(se), 1	dedicarse, 6	figurar, 1	morir, 15*	regresar, 1	* Ver apartado
cenar, 1	defender, 28	fijarse, 1	mostrar, 11	relacionar, 1	*Participios irregulares,*
cerrar, 27	deletrear, 1	formar, 1	mover, 25	rellenar, 1	página 161.

gente
Nueva Edición

Libro del alumno 1

Autores:
Ernesto Martín Peris
Neus Sans Baulenas

Coordinación editorial y redacción: Agustín Garmendia y Montse Belver
Corrección: Eulàlia Mata

Diseño y dirección de arte: Ángel Viola
Maquetación: David Portillo
Ilustraciones: Pere Virgili / Ángel Viola

Asesores internacionales:
MERCEDES RODRÍGUEZ CASTRILLÓN, y CARMEN RAMOS, Universidad de Wuerzburg, Alemania; MARÍA SOLEDAD GÓMEZ, Instituto Hispanohablantes de Porto Alegre, Brasil; MANUELA GIL-TORESANO, Instituto Cervantes, Madrid, España; EDITH AURRECOECHEA MONTENEGRO y CARMEN SORIANO ESCOLAR, International House Barcelona, España; BIBIANA TONNELIER, Escuela Aprender de Atenas, Grecia; GIOVANNA BENETTI, Liceo Scientifico F. Cecioni de Livorno, Italia; EMILIA DI GIORGIO, Istituto Magistrale Statale A. Manzoni, Italia; MARINA RUSSO, I.T.C.G. Federico Caffé, Roma, Italia; VICTORIA CAÑAL, Centro Español Lorca, Glasgow, Reino Unido; PABLO MARTÍNEZ GILA y equipo de profesores del Instituto Cervantes de Estambul, Turquía.

Fotografías:
LLORENÇ CONEJO: páginas 12 (B), 30 (pueblo costero), 50-52 (central y bicicleta), 72, 79, 100 (A, B, C y E), 108 (chalé) y 109; MIGUEL ÁNGEL CHAZO: página 16 (5 y 8); MARC JAVIERRE: portada; FRANK KALERO: páginas 10-11, 20-21, 32 (David), 50-52 (*skater*), 52-53, 58-59, 67, 69 (central superior), 70-71, 74, 76, 80 (salidas y viajeros), 112 (Alba); MIGUEL RAURICH: páginas 12 (A, C y F), 18-19 (1, 2, 4, 5, 6 y 7), 30-31 (todas, excepto pueblo costero), 38, 80-81 (central), 87, 90-91 (Sevilla y Las Palmas), 93 (Valparaíso), 95, 100 (D) y 108 (edificio); JORDI SANGENÍS: páginas 37, 69 (inferiores) y 99 (Oaxaca); NELSON SOUTO: página 98 (Baracoa); EL DESEO S.A: página 111 (P. Almodóvar); EMBAJADA DE COLOMBIA EN ESPAÑA: páginas 91 (foto Bogotá) y 93 (Cartagena); EUROPA PRESS: páginas 16 (1, 3, 4, 6, 8 y 9), 110-111 (excepto P. Almodóvar) y 116 (Chavela Vargas); FILMOTECA ESPAÑOLA: página 116 (Buñuel); FUNDACIÓN VICENTE FERRER: 116 (Vicente Ferrer); SECRETARÍA DE LA NACIÓN DE LA REPÚBLICA DE ARGENTINA: páginas 12 (foto D), 18-19 (foto 2), 50 (foto bailarinas y *rafting*), 90, 98 (Buenos Aires) y 99 (La Boca, Buenos Aires).

Infografía: Pere Arriaga / Angels Soler

Textos:
© Julio Llamazares, "Extraños en la noche" de *Escenas de cine mudo,* (página 120); © 1981, Augusto Monterroso, "El dinosaurio" de *El eclipse y otros cuentos* (página 121); ; © Pablo Neruda, "Oda al tomate y Oda a la cebolla" de *Odas elementales* (página 81).

Material auditivo (CD y transcripciones):
Voces: Silvia Alcaide, España; Maribel Álvarez, España; José Antonio Benítez Morales, España; Ana Cadiñanos, España; Fabián Fattore, Argentina; Laura Fernández Jubrias, Cuba; Montserrat Fernández, España; Paula Lehner, Argentina; Oswaldo López, España; Gema Miralles Esteve, España; Pilar Morales, España; Pepe Navarro, España; Begoña Pavón, España; Mª Carmen Rivera, España; Felix Ronda Rivero, Cuba; Rosa María Rosales Nava, México; Amalia Sancho Vinuesa, España; Clara Segura Crespo, España; Víctor J. Torres, España; Lisandro Vela, Argentina; Carlos Vicente, España; Armand Villén García, España.
Música: Juanjo Gutiérrez. **Grabación:** Estudios 103 y CYO Studios, Barcelona.

Agradecimientos:
Mireia Boadella, Unai Castells, Begoña Cugat, Alain Daniel, Roberts Daniels, Pascual Esteve, Gibson Garcia, Trini García, Pablo Garrido, José Alberto Juan Lázaro, Marianne Koppelman, Sara Polo, Elena Martín Martínez, Ivan Margot, Armand Mercier, Olga Mias, Natalia Rodríguez, Jordi Sangenís, Nynke Scholtens, Margarita Tejado, Carlos Vicente, Carlitos Viola López.

ISBN (versión Internacional): 978-84-8443-138-1
ISBN (versión holandesa): 978-90-5451-541-8
ISBN (versión griega): 978-84-8443-211-1
Depósito Legal: B-524-2004

Reimpresión (junio 2007)

Impreso en España por Tallers Gràfics Soler S.A.

difusión
Centro de
Investigación y
Publicaciones
de Idiomas, S.L

C/Trafalgar, 10, entlo. 1ª
08010 Barcelona
Tel. (+34) 93 268 03 00
Fax (+34) 93 310 33 40
editorial@difusion.com

www.difusion.com